밤의 사람들

밤의 사람들

1판 1쇄 발행　2025년 4월 18일
지은이 이송우 | **펴낸이** 임중혁 | **펴낸곳** 빨간소금
등록 2016년 11월 21일(제2016-000036호)
주소 (01021) 서울시 강북구 삼각산로 47, 나동 402호 | **전화** 02-916-4038
팩스 0505-320-4038 | **전자우편** redsaltbooks@gmail.com
ISBN 979-11-91383-56-0 (03810)

밤의 사람들

문래동 야간 택시 운행 일지

이송우 지음

빨간소금

사랑하는 아버지와 어머니께

책을 펴내며

"그 친구 택시 운전한다고 하던데?"

15년 전이었을 것이다. 리서치 회사에서 약 10년간 일하던 때다. 리서처였던 어떤 분이 택시 운전을 시작했다는 전언을 들었다. 그분은 왜 택시 운전사의 삶을 시작했을까? 영화 〈홀리데이 인 서울〉에서 서울의 밤거리를 목적 없이 질주하는 택시 운전사(장동건 분)가 떠올랐다. 무엇인가에 이끌리듯 그때 나는 택시 운전사 자격증을 땄다.

자격증을 따고 난 다음 프린팅 사업하는 회사들에서 13년을 일했다. 그리고 약 2년 전 'OO 출신은 (임원) 승진이 사실상 어렵다'라는 내용을 통보받은 뒤 미련 없이 회사를 나왔다. 그 뒤 리서치 회사로 돌아와 프리랜서 데이터 분석가로 일했다. 그러다 2023년 중반에 회사 사정이 어려워져 나는 택시 운행을 병행했다. 택시 운전사 자격증은 무려 15년 동안 나를 기다려 온 셈이다.

　하늘에 노란색 반달이 떴다. 택시 운전이 내게 어떤 기회와 가능성을 열어 줄 것인지 궁금했는데, 택시 운행 첫날 노란 반달을 봤다. 반달은 가득 차오르지도, 완전히 꺼지지도 않을 가능성의 상태에 있다. 시작도 끝도 아닌 생성이자, 완성된 빛 또는 완전한 어둠을 향해 끝없이 움직여야 하는 운명. 내가 반달의 운명을 사랑하듯 야간 택시에 빠져들 수 있을지….

　야간 운행 첫날. 16건의 콜을 받았고 총 300km를 운행했다. 야간 운행은 대개 고속 장거리 주행이 많다. 특히 자정 뒤로는 절대다수가 장거리 운행이다. 야간 운행을 잘하기 위해서는 어둠에 익숙해져야 하는데 어둠 속 고속 장거리 운전은 고도의 집중력과 체력이 필요하다. 아무리 가로등이 있다지만 빛이 부족하고, 그 상태에서 고속 주행은 집중력을 요구한다. 그만큼 긴장도가 높고 체력 소모가 많을 수밖에 없다. 야간 운행 첫날, 나는 많이 집중했고 많이 긴장했으며 많이 지쳤다.

그럼에도 야간 운행은 분명한 강점이 있다. 승객 대부분이 취객이어서 그런지 생동감이 넘친다. 승객이 잠을 자는 경우는 그리 많지 않고 보통은 누군가에게 취중 진담을 전한다. 동승자가 있으면 타서 내릴 때까지 서로 대화를 주고받는다. 묵언수행에 가까운 주간 운행에 비하면 시장통이라고 부를 수 있다. 때때로 운전하는 내게 말을 걸기도 하는데 이것은 아마도 술기운 덕분일 것이다. 물론 승객이 과음했을 때는 낭패를 겪기도 하지만.

밤의 택시에서 누군가는 눈물을 흘리고 누군가는 박장대소를 터뜨린다. 누군가는 사랑을 속삭이고 누군가는 다툰다. 누군가는 자신의 신세를 한탄하고 누군가는 내 신세를 묻는다. 어떤 누군가는 잠들고 누군가는 홀로 탄 택시가 두려워 전화한다. 누군가는 모르는 길이라며 내게 화를 내거나 위협하고 누군가는 순순히 외진 곳까지 진입하는 나를 고마워한다. 또 어떤 누군가는 도로가 하나의 점으로 수렴하는 밤의 질주를 하염없이 바라보고, 누군가는 노래를 부르거나 유튜브에서 노래를 틀어 두기도 한다. 누군가는 건강 프로그램을, 누군가는 정치 프로그램을 본다.

나는 밤의 공기와 온도, 채도와 명도를 사랑한다. 거기에는 과거가 현재를 만나 늘어놓는 이야기가 깃든다. 기업들에서 일한 날들, 무엇보다 그 지긋지긋했던 국가 폭력의 반복, 즉 '인민혁명당재건위원회(인혁당재건위) 피해자 대상 부동산 강제 경매 소송'을 끝낸 기억들이 밤의 택시가 달리는 도로 위에서 환영처럼 피어났다가 사라졌다. 그 환영을 배경으로 나는 승객들의 이야기를 들었다.

밤의 택시가 그리는 영사기 속에서 우리의 주인공들이 등장했고, 영사기는 타임머신이 돼 나의 시공간을 오갔다. 하루치 노동을 마친 청년의 땀 냄새, 취업을 포기한 채 피시방을 향하는 캥거루족, 전문직 청년들이 나누는 영어와 한국어가 뒤섞인 사랑의 밀어, 젊은 펀드매니저가 굴리는 수억 원의 뭉칫돈, 정부 지원으로 중동 사업에 뛰어든 사업가, 승진 회식을 마치고 돌아가는 만취한 가장, 아이들이 걱정할까 봐 몰래 병원을 가는 중년의 여인, 콜을 부르지 못해 손을 들어 택시를 잡는 노인들…. 이 책은 내가 만난 이들의 이야기 묶음이자, 그 이야기 속에서 나 자신과 나눈 대화록이다.

새벽이 가까워지면서 반달이 노란색에서 흰색으로 색깔을 바꾸었다. 달을 바꾸어 가며 반달은 보름으로 가득 찼다가 그믐으로 몸을 완전히 비웠다. 밤의 하늘에서 빛을 바꾸고 몸을 바꾸는 반달처럼 나는 야간 택시를 운전했다. 여기 그 반달의 운행 기록, 문래동 야간 택시 운행 일지가 있다.

2025년 3월
이송우

차례

책을 펴내며 6

1 청년들

조울증 그녀 17

모텔촌을 향하는 청춘 남녀 23

조소 작가들 27

벤츠 영업사원 32

패션 마케터들 38

피시방 가는 청년 43

심리학 연구자 48

불금의 청춘들 53

미대 입시생 58

땀내 나는 청년들 68

'멸실'되고 '폄훼'된 사람들 68

예비 신부와 그 친구들 75

첫째 딸 81

2 인혁당재건위 사람들

'광인' 이영호와 '교수' 조영건 89

빡빡산 할머니 95

큰아버지 100

내 친구 형직이 106

철인 28호 111

얼음문학동인회 116

아버지와 어머니 122

나 128

인혁당재건위 사건 피해 생존자들 133

면목동 할머니 138

3 우리들

대리기사 147

초로의 남성 152

보험사 영업사원들 157

저 가득한 뒷좌석의 사람들 162

세일즈맨 167

취객 171

대표님 176

칠십 대 여인 181

중동 사업가 185

광고회사 국장 190

장거리 손님 196

아시아나 선후배 동료들 201

나는 택시 운전사였다 207

연대의 말 밤을 지새우는 사람들 · 함세웅(신부) 213

1
청년들

조울증 그녀

"얼마나 걸릴까요? 30분에 갈 수 있죠?"

삼성역과 포스코 뒷골목은 밤이나 낮이나 사람이 파도를 친다. 정오를 막 지난 시각에 이십 대 여성 한 명을 태웠다. 그녀는 서울구치소로 가고자 했는데 이동 시간 30분을 요구했다. 카카오 택시 앱이 예상한 시간은 40분이었다.

"앱에서는 지금부터 40분 정도 걸릴 거라고 합니다."

"이 시간대에 원래 30분이면 되는데, 알겠어요. 빨리 가 주세요."

시간의 압박이 있는 운행은 부담스럽다. 약속 시간을 꼭 맞추기 위해서는 때로 신호를 무시해야만 한다. '모든 불이 파란불'이기를 원하는 승객은 빨간 불에 정차할 때마다 한숨을 쉬거나 재촉을 한다.

밤의 택시가 아닌 낮의 택시인 경우, 신호등에 걸려 정차할 때면 나는 이상하게 잠이 쏟아진다. 빨간 불에 눈을 감고 파란 불에 어김없이 눈을 뜨는 인체의 신비는 대단하다. 심지어 그 짧은 1~2분 사이에 꿈을 꾸기도 한다. 이때 마음 급한 승객을 만나면 낭패다. 이날이 그랬다.

"기사님, 지금 주무시는 건가요?"

내가 눈을 감자 승객이 끼어들었다.

"죄송합니다. 깜빡 잠들었습니다."

"운행 중에 잠을 자면 어떻게 하나요? 신호등에 걸리지 않게 빨리 가 주세요."

"아, 네 알겠습니다. 신속하게 운행하겠습니다."

잠에 빠지지 않도록, 아니 신호등에 걸리지 않도록 나는 애를 썼다. 차선을 여러 차례 바꾸면서 10초라도 아끼기 위해 집중했다. 핸들을 잡은 손에 힘을 주고 허리를 곧추세운 채 눈에, 아니 몸에 힘을 주고 운행했다. 겨드랑이와 등줄기에 땀이 차기 시작했다. 앱에서 알려주는 대로 운행하는데 갑자기 승객이 "이상하다"라는 말을 반복했다.

"이 길이 아닌 것 같아요. 주소를 다시 검색하고 운전해 주세요."

"손님, 지금 고속으로 간선도로를 운행 중이기 때문에 검색할 수가 없습니다."

"그러면 빠져나가 검색하시면 되잖아요. 도로명이 아닌 동명으로 검색해 주세요."

나는 간선도로를 빠져나와 도로 옆에 차를 붙이고 주소를 다시 검색해서 운행했다. 도로명이든 동명이든 도착 장소는 같기에 동명으로 검색하나 도로명으로 검색하나 경로가 다를 리가 없다. 하지만 승객이 강하게 요구하므로 어쩔 수 없이 이를 따를 뿐이었다. 승객은 점점 동요하기 시작했다.

"아닌데, 여기 아닌데! 남자 친구 면회 시간에 빨리 가야 한다고요."

이마에서 땀이 흘렀다. 이럴 때면 도로가 아닌 하늘을 날아서 가고 싶은 생각이 든다. 나는 승객을 안정시키기 위해서 "원래 가는 길이 아니지만 예상 소요 시간은 여전히 39분 정도 걸릴 것"이라고 말했다. 하지만 알던 길이 아닌 다른 길로 가는 것에 승객은 계속 불만을 제기했다. 처음부터 40분 걸린다고 말한 것이 마음에 들지 않았다며, 다른 운전사와 내가 다르고 심지어 초보 운전사가 아니냐며 몰아붙였다.

이런 손님을 처음 만났기에 심적으로 답답했다. 내가 할 수 있는 게 없었다. 숙련된 운전사는 내비게이션이 안내하는 길이 아닌 다른 길을 안내할 수도 있었다. 그녀의 말이 맞을 확률은 분명히 있었지만, '내 탓이오, 내 탓이오, 내 큰 탓이로소이다'라고 인정하기도 곤란했다.

"도대체 얼마나 남은 건가요? 여기가 아니라고요!"

"손님, 여기서 좌회전하면 바로 도착입니다."

좌회전했다. 구치소로 오르는 길이 펼쳐졌다. 그제야 손님의 목소리가 차분하게 바뀌었다.

"아, 여기 맞네요. 죄송해요. 제가 조울증이 있어서요."

"괜찮습니다, 손님. 면회 잘하시길 바랄게요."

면회소 앞에 택시를 세우고 건물로 총총히 들어가는 손님을 바라봤다. 남자 친구는 어떤 이유로 구치소에 갔을까? 젊은 남녀의 사연을 제대로 알 수는 없었지만 급하고 애타는 그녀의 마음은 이해할 수 있었다. 그녀는 일하다가 급하게 나왔으므로 남자 친구의 면회를 놓치거나, 혹은 면회 시간이 짧아서는 안 될 것이었다.

내가 초등학교 저학년생이었던 어느 날, 아버지는 대구교도소로 이감됐다. 어머니와 3남매는 아침 일찍 일어나 고속버스를 타고 대구터미널에 내렸고, 터미널에서 달성군에 있는 교도소까지 택시로 이동했다. 어머니는 면회 때 먹을 음식을 양손에 들었다. 우리 3남매도 작은 짐을 하나씩 나눠서 들고 갔다. '무슨 음식이 이렇게 많지?' 나는 속으로 불평이 많았다. 그날 교도소장이 특별 면회를 허락해서 우리는 소장의 접

견실에서 아버지를 만났다. 정치범이었던 아버지에게 특별대우를 해 준 것이다. 아버지와 우리는 어머니가 준비한 음식을 먹었고, 어머니는 교도소장과 교도관들에게 음식 일부를 대접했다.

미셸 푸코는 감옥을 근대의 발명품으로 간주했다. 왕정 시대 최고 권력자는 신체형을 통해서, 특히 공개 처형을 통해서 권력의 위엄을 선보였다. 반면 산업혁명 이후 등장한 새로운 권력, 즉 부르주아지는 신체형을 달가워하지 않았다. 왜냐하면 인간의 노동력이 자본주의를 떠받치는 기본 단위이기 때문이었다. 따라서 노동력을 훼손하는 신체형보다는 감옥 수형을 통해 노동력을 지속시키는 편이 나았다. 교정은 노동하는 인간으로의 재생, 즉 정신과 영혼의 지배 장치였다.

영구 집권을 꿈꾼 유신 집단은 일종의 신체형인 사형과 교정을 모두 이용했는데, 그들은 권력의 위엄을 보여 줌과 동시에 반유신 민주 세력들의 정신을 지배하고자 했다. 결국 영구 집권이라는 목적에는 실패했지만, 그 과정에서 많은 사람이 죽거나 정신적·신체적 고통에 시달렸다. 푸코가 지적했듯, 감옥이 수형자의 정신과 영혼을 완전히 지배하지는 못했지만 수형 생활의 상처는 깊고 오래 지속됐다.

현대 사회에서 교정은 합리적이고 정당한 것으로 여겨진

다. 감옥이라는 장치는 사회를 유지하기 위한 합법적인 수단으로 인정받고 있다. 그러나 어떤 이유에서든 감옥이 수형자의 영혼을 천천히 말려 버리는 것만은 틀림없다. 특히 가족과 친지에게까지 간접 수형의 고통을 강요한다. 조울증에 고통받는 젊은 여성 승객처럼 말이다.

문득 어린 내가 바라본 아버지의 근엄한 미소, 자리를 피해 준 교도관들, 조금이라도 더 먹으라며 아버지를 채근하던 어머니가 겹쳐 보였다. 나는 시간에 쫓기고 조울증에 쫓기는 그녀의 마음을 헤아려 봤다. 그들의 면회 시간은 눈 깜짝할 새도 없이 사라지겠지. 그들은 함께하는 식사는 꿈도 꾸지 못할 텐데 늦지 않게 갔으니 얼마나 다행인가.

정장 원피스 차림으로 종종걸음을 치는 그녀가 시야에서 사라졌다. 나는 그녀가 사라진 면회장 입구를 쉽사리 떠나지 못하고 있었다. 아니, 나는 나의 소년기에서 아직 벗어나지 못하고 있었다.

모텔촌을 향하는 청춘 남녀

　자정이 넘은 12시 30분. 방이시장 건너편 백제 고분 골목길에서 삶은 달걀과 귤을 먹었다. 야간 운행 시간인 저녁 8시부터 새벽 5시까지 나는 뭘 먹는 편이 아니다. 이날은 평소와 달리 요기를 했다. 성냥팔이 소녀가 성냥을 켜자 불꽃 속에서 이야기가 흐르듯, 달걀을 한입 베어 물자 대학 동기와 즐겼던 '스트리트 파이터(Street Fighter)'라는 격투기 게임이 그려졌다. 그 동기는 한국전력(한전)을 다녔는데 회사가 제공한 사옥이 백제 고분 근처에 있었다. 라디오 프로듀서가 되고 싶었던 그는 한전에 입사했고, 지금은 어느 도시에서 일하고 있다고 들었다. 갑자기 목이 메었다. 나는 귤을 씹었다. 입안에 물기가 돌아 막힌 목을 뚫어 줬다.

　위례 신도시로 가는 손님을 태웠다. 한밤중에 위례 신도시로 들어가면 대개 빈 차로 나와야만 했다. 천천히 택시를 몰며

사진도 찍고 생각에 잠길 여유가 생긴다는 뜻이다. 육군특수전사령부와 제3공수특전여단이 있던 자리에 거대 아파트 단지가 들어섰다. 위례 신도시에서 북쪽을 바라보면, 왼쪽의 제3공수특전여단 자리는 고층 아파트 단지로 상전벽해가 됐지만 상가와 빌라촌은 아직 그대로였다. 도로를 가운데 두고 빛과 어둠으로 나뉜 것 같은 기분이 들었다. 한 지역을 두부를 두 조각 내듯 이렇게 가를 수 있다니! 흑백으로 나뉜 두 조각의 두부가 있다면 나는 검은 두부에 속하겠지.

"너무 졸리고 피곤해."

"일단 한숨 자고 일어나서 영화 보면서 술 마시자."

"아, 근데 몇 년 전인가? 톰 크루즈가 방이동 모텔촌을 돌아다닌 것 봤어."

"톰 크루즈 아저씨 이제 육십 대 되지 않았나? 힘도 좋네."

"정말이야. 영화 속이랑 똑같았어. 성큼성큼 잘 돌아다니더라고."

"와, 우린 톰 아저씨보다 40년은 어릴 텐데 왜 이렇게 피곤하냐?"

운 좋게 위례 신도시에서 방이동 모텔촌을 향하는 청춘 남녀를 태웠다. 톰 크루즈가 방이동 모텔촌에 등장했다는 말보다, 톰 크루즈보다 40년은 어린 청춘들의 "항상 피곤하다"라는 말이 더 귓속을 파고들었다.

독일 막스플랑크연구소 소장인 인류학자 샹바오는 《경계를 넘는 공동체》에서 중국 발전의 모순을 베이징 저장촌의 역사를 통해 기술했다. 이 책은 무질서가 규율로 전환돼 간 20년의 기록이자 문화인류학 보고서다. 이 기술에서 가장 전형적으로 드러나는 현상이 '분할'과 '수탈'이다. 저장촌이라는 통합된 총체(Entity)가 하나씩 고도화, 개별화, 파편화됨으로써 분할되는 역사는 문화·정치·사회·경제 권력이 관리와 대형 자본에 집중되고 넘어가는 수탈의 과정이었다. 그리고 그 결과는 세련되고 깔끔하지만, 손님이 사라진 텅 빈 매대와 매장이라는 비극과 모순이었다.

베이징 저장촌의 성장사는 1990년대 이후 한국 현대사와 얼마나 큰 차이가 있나? 먼저 계층 사다리를 타고 올라간 이들이 사다리를 걷어차고 청년들을 꽁꽁 묶어 질식시킨 것은 아닌지? 절차적 민주주의의 실현과 선진국 체제에 편입된 대한민국의 성장이라는 화려한 외형 뒤에 거무죽죽하게 핀 곰팡이를 본 것만 같았다.

방이동 모텔촌에서 청년들을 내려 주고 송파동을 향했다. 아내는 송파동 한양아파트에서 "아이 둘을 결혼시킬 것"이라고 했었다. 눈이 많이 온 어느 날, 둘째 딸과 함께 집 앞에서 눈을 치웠다. 그때 초등학교에 막 입학한 그녀와 밀대로 눈을 밀고 눈싸움을 하고 눈사람을 만들었다.

소위 '줬다 빼앗는' 인혁당재건위 배상금 사태가 우리 집안을 강타했을 때 나는 송파를 떠났다. 고리의 부채를 감당하기 어려우리라 생각했지만, 예상과 달리 유래를 찾아볼 수 없는 저금리가 이어졌다. 싸게 판 집의 가격은 그 뒤 약 3배만큼 급등했다. 다시 송파로 돌아갈 수 없을 것이었다. 나는 고향을 잃고 떠도는 유목민, 자유인이 됐다.

청년들 덕분에 거여-개롱-오금을 지나 송파동 한양아파트 근처까지 다시 돌아볼 수 있었다. 청소년기와 청년기를 보낸 마음속 고향 송파 땅을 보니 먹먹했다. 고향에 다녀왔다고 할까? 고향에 다녀온 마음은 씁쓸한 탕약을 삼킨 맛이었다. 그 맛에는 잃어버린 것에 대한 그리움과 사랑, 그리고 다시 돌아갈 수 없다는 아쉬움과 슬픔이 섞여 있었다.

허기를 채우려 너무 급하게 삼켰나 보다. 삶은 달걀에 목이 막혔는지 답답했다. 귤 한 조각을 입에 더 넣었다. 목이 뚫렸다. 아, 피곤함에 찌든 청년들에게 귤을 권할 걸 그랬다.

조소 작가들

이른 새벽 청담동에서 이십 대 후반 청년 셋이 탔다. 청년들은 조소 작가들이었는데 최근 작업실을 계약했다는 얘기와 함께 권투 스파링에 대해 한창 대화를 나누었다. 궁금함을 참지 못하고 나는 슬쩍 질문을 던졌다.

"지인이랑 하는 스파링은 어떤 점에서 좋나요?"

"좋죠. 전체 힘의 20%만 쓰니까요."

"그게 왜 좋나요?"

"서로 운동도 되고 다치지도 않아요."

"그럼, 타인과 하면요?"

"실력이 약한 분들이 세게 나옵니다. 그럼, 저도 세게 갈 수밖에 없어요. 다칠 수 있죠."

"상대가 세게 나올지 어떻게 알 수 있나요?"

"잽만 날리는 것만 봐도 강한지 약한지 알 수 있습니다. 심지어 샌드백 치는 것만 봐도 알 수 있어요. 약한 분들은 점점 세게 나옵니다."

"아하!"

"대개 6개월에서 1년 정도 복싱을 하면 그렇습니다. 자기 힘과 상대 힘을 모르고 강하게 부딪혀 보고 싶은 거죠."

"손님은 얼마나 하셨나요?"

"6년 남짓했습니다."

"와, 그 정도면 선수 아닌가요, 선수!"

"글쎄요. 적어도 제가 얼마나 약한지는 알게 됐습니다."

센 척하는 사람은 대개 약하다. 스파링하는데 점점 더 세게 나가는 사람은 대개 자기 실력을 시험해 보고 싶은 욕망이 강하다. 아직 자기 힘이 어느 정도인지 모르기 때문에 그런 욕망이 생긴다. 운동을 시작한 지 1년이면 기본기는 익힌 상태이기에 스스로가 강해졌다고 느낄 수 있다. 그러나 자신이 사실 얼마나 약한가를 깨닫기 위해서라도 시간이 필요하다. 그 시간을 아직 충분히 겪지 않은 이는 그렇게 점점 힘을 올리다가 임자 만나면 번쩍이는 하얀 별(?)들을 보아야 한다. 그냥 잠깐 번쩍하는 정도가 아니라, 큰 부상으로 이어져 몇 달 운동을 하지 못하는 때도 종종 있다고 한다.

허세는 철없음이요, 철없음은 소년의 순진함이며, 순진함은 정교하지 못함이다. 이들이 공통으로 가리키는 것은 '미성숙'이라는 상태다. 나는 몇몇 시들에서 나의 미성숙함을 의인화해 등장시켰다. 피터 팬, 알론소(돈키호테), 허풍선이 남작, 청년 카를 마르크스가 그들이다.

    십오 년 징역형 아버지 면회를 다녀오던 여덟 살 노인이 내 방에 들어와어 수업 준비물 챙겼니 허리띠 잘 꿰었고 신발은 밖을 향하도록 해 노인은 아비 없는 나와 남편 없는 어미를 걱정했어 교사 월급 빠듯한 어미의 외상값을 갚기 위해 선생님께 전할 학생회비를 빼돌리라 지시하곤 노인은 아비처럼 공부해서 입신하라고 방과 후 독서 지도를 했지 누구와 어울리지 않도록 나는 공부해서 감옥 가야 하는지 궁금했지만 노인을 거스르진 않았어 노인마저 떠난 텅 빈 방을 보고 싶지 않았거든

    티 없이 해맑은 소년 뻔히 들여다보이는 속은 여전해 겉과 속이 똑같은 욕망에 충실한 프로이트의 원초아를 읽었을 때 소년이 살짝 웃어어 뭔가를 들켰는지 얼굴이 새빨개졌더라고 문을 열면 허풍선이 남작 Baron 철들지 않는 Peter 라만차의 돈키호테 Alonso 청년 Karl이 차례로 돌아다보는 방 소년은 누구도 뭐 하나 부럽지가 않았어

애비 에미 다 팔아먹었으니 이제 뭘 팔 거냐고 묻는 질문에 나는 곁눈질로 노인과 소년을 살폈지 내가 팔 거라곤 노인과 소년만 남았거든 그때 그토록 환하게 웃는 노인과 이토록 새침해진 소년을 처음 본 거야 노인은 이제 내 걱정하는 데 질렸고, 소년은 본격적으로 놀아보고 싶었나 봐 흠 그래 이제 노인과 소년을 오또케 팔아먹을까?•

하얀 별(?)을 볼 수 없었지만, 새벽 공기는 맑고 보름은 찬란했던 날. 나는 어른과 아이의 경계를 걷는 나를 다시 돌아봤다. 나는 철들까, 철들지 않을까? 현실과 이상, 순수와 타락, 이성과 감성, 직관과 감각…. 존재 자체가 모순인 사람들, 나는 이 경계를 걷는 사람들을 잘 알아본다. 왜냐하면 그들은 나를 닮았기 때문이다. 가까운 곳에 있는 '파랑새'를 찾느라 자신에게 주어진 시간과 공간을 소비하는 사람은 '가지가 많아서 바람에 끝없이 흔들려야 하는 나무'를 닮았다. 나는 무엇 하나에도 온전히 닿지 못하고 경계를 걷는 이들의 쓸쓸함을 알아본다.

　미욱하고 어리석은 내게 깨달음을 준 청년들. 그들은 권투뿐 아니라 각자의 삶 역시 치열하게 살고 있었다. 조소과를 졸

• 이송우, 〈그래 이제 노인과 소년을 팔아먹도록 하자〉, 계간 《시와 산문》 봄호 (2024년).

업하고 작가 생활을 계속하는 것은 낙타가 바늘귀를 통과하는 것만큼 어렵다고 한다. 자기 삶의 주인이 되기 위해서 새벽까지 작업하는 청년 작가들은 권투를 즐기며 심신을 수련했다. 자신이 얼마나 약한가를 깨닫고 한껏 몸을 낮춘 청년 작가들과 더 크게 보이기 위해 애쓰던 나의 허세로운 청년기는 달랐다.

오늘도 조소와 권투 속에서 땀을 흘리고 있을 청년들에게 감사하다고 말하고 싶다. 그날 당신들이 나를 가르치고 깨우쳤다고. 당신들이 내가 포기하지 않고, 끝까지 이 글을 쓸 힘과 용기를 줬다고. 당신들이 밤의 어둠 속에서, 새벽의 택시 속에서 나를 구원했다고.

벤츠 영업사원

"돈이 아무리 많아도 시간과 여유가 없으면 가난한 겁니다."

깔끔하게 차려입은 벤츠 영업사원이 말했다. 그는 "부자들은 자신을 채찍질하고 번민과 두려움 속에서 살고 있다"라고 했다. 50억 원 부자는 100억 원 부자가, 100억 원 부자는 200억 원 부자가 되기 위해 끊임없이 돈 버는 일에 자신을 바친다고 했다. 죽을 때까지 일만 하다가 삶을 마치는 부자들도 많다고 했다. 특히 주변 사람들이 자기 돈을 빼앗아 가려 한다는 의심 때문에 지인은 물론이고 가족이나 친척과도 거리를 둔단다.

차로 15분이면 갈 거리를 가지 못하는 백만장자가 있다. 그는 이제 나이가 들어서 직접 차를 운전하기 어렵다. 그렇다고 누군가에게 전화해서 함께 가자고도 못한다. 앱을 통해서 택시 부르는 방법을 모르기 때문이다. 그는 누구도 만나지 않고 집에서 홀로 지낸다. 그렇게 많은 돈이 자신을 감옥에 가둬 버렸다. 영업사원의 숙부님 얘기다.

라디오에서 오페라 〈마술피리〉 중 '밤의 여왕' 아리아가 흘러나왔다. 영업사원은 소리를 키워 달라고 요청했다. 곡이 끝나자 자신은 클래식 애호가이고, 특히 푸치니 곡을 좋아한다고 말했다. 자신은 큰돈을 벌지 못했지만, 자신이 좋아하는 클래식을 듣기 위해 고급 앰프와 스피커를 갖췄으며 지금 자신의 삶에 만족한다고 했다. 특히 숙부님처럼 돈에 파묻혀 쓸쓸하게 노년을 보내지 않을 것이라 힘줘 말했다.

한 달 8,000만 원 수입을 올리는 '일타강사'가 있었다. 그는 일만 하느라 누구 하나 만날 시간이 없었다. 어느 날 밤에 잠깐 숨 돌릴 시간이 났다. 문득 그는 주변에 연락할 사람이 누구도 없음을 깨달았다. 그는 "술 한잔 사도 되느냐?"라고 벤츠 영업사원에게 전화했다.

어쩌면 일타강사에게는 등록금과 생활비를 벌기 위해 아르바이트를 해야 했던, 가난한 청년 시절이 있었을 것이다. 고된 아르바이트 하느라 피곤해서 애인을 만나서도 꾸벅꾸벅 조는 날이 종종 생겼을 것이다. 어느 날 교내 벤치에 앉아 있던 그는 벤츠를 몰고 나온 선배의 차를 올라타는 애인을 목격했을 것이다. 얼마 지나지 않아서 그는 그녀에게 이별을 통보했을 것이며, 애인과 헤어지고 나서 열심히 공부'만' 해서 장학금을 받으며 학교를 졸업했을 것이다. 졸업 뒤 일타강사를 하며 큰돈을 벌고 벤츠를 샀을 뿐 아니라, 강남에 집을 장만했을 것이다.

 삼십 대 초반에 나 역시 오직 일만 하던 때가 있었다. 나는 대개 일 년에 다섯 번의 규칙적인 술자리를 가졌다. 설과 추석, 회사 봄 야유회와 가을 운동회, 그리고 종무식 때. 물론 가끔 본부 회식이 있을 때도 술을 마셨으니 1년에 내가 참석한 술자리는 최소한 열 번은 넘었을 것이다. 보통 아침 일찍 어학원을 다녔고, 저녁에는 운동했으며, 대여섯 시간 잠자는 때를 제외하고는 열심히 일했다.

 입사 1년 뒤 대학원 후배가 회사에 들어왔는데 자꾸 술 한잔 사 달라고 했다. 나는 그가 일을 열심히 배워야 할 때라고 생각해서 그에게 하나의 프로젝트라도 더 안기고 하나라도 더 봐주려고 했다.

 한 달이 지나자, 후배는 불평하기 시작했다. "선배가 돼서 후배가 입사했는데 술 한잔도 사지 않는다"라고 나를 원망했다. 그런 그에게 나는 저녁에 "자기 관리를 위해 달리기를 함께하자"라고 권했다. 어느 날 우리는 함께 한강 변을 달렸고,

달리기를 마치고 돌아와 자정까지 일했다. 물론 술자리를 갖지 않은 것은 당시의 내게는 당연했다. 그렇게 우리는 딱 한 번, 딱 한 시간을 함께 달렸다. 자신이 입사한 뒤 1년이 되던 날에 그는 내게 "피도 눈물도 없는 사람"이라고 말했다.

나는 스물아홉 살, 대학원 석사 과정을 밟고 있을 때 결혼했다. 석사 과정을 마치고 나서 박사 과정을 고민했지만, 그렇게 하지 못했다. 결혼 1년 뒤 동갑내기 서른 살 아내의 뱃속에서 첫째가 무럭무럭 자라고 있었다. 아마도 나는 가족 부양의 의무 때문에 열심히 일했던 것 같다. 아버지 감옥살이 때 가족을 부양한 어머니를 보고 자란 탓인지 나는 의무를 다하기 위해서 온 힘을 다했다.

나는 후배들에게도 촘촘한 자기 관리를 요구했다. 지독한 야근을 계속해야 했던 어려운 프로젝트가 끝나 조금 여유가 생길 때면 마케팅 관련 책을 사 주면서 공부하라고 강권했다.

"부장님 아래에선 실력을 키우기는 참 좋지만, 이렇게 하시면 아무도 그 밑에 남아 있지 않을 겁니다."

팀원 한 명이 그렇게 말했다. 실제 팀원들이 회사를 그렇게 옮겼다. 사필귀정이었다. '오베르만'이라는 내 별명은 많은 의미를 내포했다. 한번 오버하면, 사역견 도베르만 핀셔처럼 물고 놓지 않는 나를 보며 어느 누가 인간미를 느낄 수 있었을까?

그렇게 나는 이른바 냉혈한으로 사회생활 초년기를 보냈다.

아무도 없는 교실에서 혼자 책을 읽거나 때로는 어머니를 기다리며 혼자 앓았던, 빨갱이 자식이라고 나무에 묶인 채 다가오는 밤에 몸서리쳤던, 나고 자란 곳을 떠나야 했던, 그래서 누구에게도 가족사를 말하기 두려워했던, 폭력에 맞서기 위해 폭력으로 대응하고자 했던 소년을 생각한다. 혹독함은 혹독함을 낳는다. 그래서 누군가의 혹독함을 보면 나는 그이의 마음속에 담긴 고통을 헤아려 보곤 한다.

나는 모든 편벽함과 지독함 속에 깃든 뒷면을 알아채고 위로하고 싶다. 일타강사도, 영업사원의 숙부님도 조금만 내려놓으면 얼마나 좋을까? 내가 묻지 않아서 그 대답을 듣지 못했지만, 그 영업사원이 일타강사, 아니 자신과 좋은 술자리를 가졌기를 바란다.

당신은 키스를 하자고 했다
돌아봐요 걸어온 거리를
나는 저 길을 잃고 싶지 않아요

달콤 씁싸름한 몰트향 풍미가
적도의 태양 아래 검은 파도처럼, 밀려오는

기억을 지울 것이다

도수를 높여요

당신과 나의 사랑

유통기한을 늘리기 위해

사랑을 대량 생산할 수 없어서

방주Ark 속에 숙성한 수제 맥주처럼

나를 꼭꼭 숨겨야 한다고

당신은 사랑을 하자고 했다

단번에 마셔 버려요

빈 잔처럼 나를 또 채울 수 있도록

하지만 이토록 독한 맥주는 내게 맞지 않아서

우리의 이별은 상하지 않아야 해서 •

- 이송우, 〈인디아 페일 에일(India Pale Ale)〉, 계간 《문학 사학 철학》 여름호 (2023년).

패션 마케터들

압구정로데오역에서 이십 대 여성 패션 마케터 4명을 태웠다. 온라인 숍을 유통 채널로 하는 의류 마케팅은 독특한 제품의 기획, 독특함을 잘 전달하는 서사, 그리고 기획과 서사의 현실적 구현인 광고 모델로 구성된다고 해도 과언이 아니다. 따라서 특히 십 대, 이십 대를 대상으로 하는 의류 마케터들에게는 자신의 제품을 잘 드러내 보여 줄 아이돌을 끌어내는 것이 중요하다.

"나 이번에 제로미 땄다. 게임 끝!"

"제로미가 누구야?"

"제로미를 모른다고요? 언니, 20세기 사람이죠?"

"그런 게 아니라! 남성복 손 놓은 지 2년 되니까 아예 모르겠다. 오늘은 랍스터나 조지자고."

'20세기 사람'이란 대개 1990년대생을 가리키는 말이다.

대략 스물다섯 살을 기준으로 20세기의 사람과 21세기의 사람이 갈린다. '20세기 사람'이란 청년들 사이에서 이십 대 중반 이상을 장난스레 놀리는 용어인 셈이다.

"팀장님은 오늘 회식도 빠지시나요?"

"우리랑 어울리기 불편한가 봐."

"우리 팀장님 정도면 괜찮은데. 지레 자기가 가까이 안 와."

"그러게. 20세기 사람 속을 어떻게 알겠어."

'제로미가 누구지?' 남성복은 말할 것도 없고 온라인 숍과는 거리가 먼, 빼도 박도 못할 틀림없는 20세기 사람인 나는 당연히 제로미를 처음 들었다. 슬쩍 질문을 던졌다.

"제로미는 처음 듣네요. 22년간 아이티(IT) 쪽에서 마케팅 분석, 마케팅, 상품기획을 해서 그런지 전 아이돌과는 참 거리가 멀었어요. 손님들은 의류 쪽 하시지요?"

"와, 아이티 쪽에서 마케팅이랑 상품기획 했다고요?"

패션 마케터들이 소리치고 손뼉 치고 법석을 떨었다. 예상치 못한 반응이었다.

"무슨 제품을 했나요?"

"모델은 누구를 썼나요?"

"직접 한 건 아니지만 잉크젯 프린터 모델로 전지현 배우를 썼고, 그 제품이 당시 대성공을 거뒀다고 선배님들이 그랬어요."

 이제 휘파람까지 불어 대는 그녀들은 회식 장소인 임페리얼팰리스호텔까지 "마케팅 구루를 만났다"라며 아주 유쾌하게 떠들었다. 청년들의 환호와 박수, 휘파람을 받고 나니 나는 내가 '제로미'라는 아이돌이 된 듯한 착각에 빠졌다. 호텔 앞에 내려서 손을 흔드는 그녀들을 보니 그 짧은 순간에 정이라도 든 것처럼 아쉽기까지 했다.

 마케팅 업무를 흔히 '과학과 예술의 결합'이라고 한다. 마케팅 업무 중 특화된 광고 역시 마찬가지인데, 철저한 분석과 인사이트를 기반으로 한 전략 수립이 선행되고 나서야 예술의 영역인 실행으로 넘어올 수 있다. 오랫동안 숫자를 다루는 일을 해 온 관계로 나는 '수학적 세계관' 속에서 살았다. 비록 잔차(관측된 값과 추정된 값의 차이) 혹은 오차가 있지만, 수학적 세계관은 대개 군더더기가 없다. 원인과 결과가 언제나 쌍을 이루는 세계는 해석하기도 쉽고 실행하는 것 역시 명쾌했다. 그 세계를 어떻게 부를 수 있을까? 현실과는 다소 떨어진 이론의 세계, 아니 이상의 세계라고 해야 하나?

 "이 부장은 참 엔지니어 같네."

 마케터에게 '엔지니어 같다'라는 말은 사실 욕이다. 여기서 엔지니어란 꽉 막힌 사람을 뜻한다. 단단한 분석 기반으로 인사이트를 추출해 전략을 수립한 뒤 그것을 구현하는 영역은 오차가 만발한 세상이다. 마케팅은 유사성을 기반으로 효과를 최대화하는 노력이 필요하다. 그런데 '유사하다'라는 말은 '같다'라는 말과 다르지 않은가?! 오차를 최소화하는 데 특화된 분석가에게 '오차를 허용하라'라는 말은 받아들이기 어렵다. 이러니 로고스, 아니 수학적 세계에서 사는 피터 팬이 아주 빡빡한 사람이 될 수밖에.

시간을 조금만 더 뒤로 돌려보자. 나는 고등학교 3학년 때 문과로 옮겼다. 직업 선택의 자유가 없다는 사실을 알게 됐기 때문이다. 연좌제가 내게 그 검은 얼굴을 드러내 보였다. 나는 그야말로 유신 시대 가장 공포스럽던 이름, 이른바 인혁당재건위 사건 당사자의 아들이 아닌가. 제어계측학과를 꿈꾸고 로봇 만드는 상상을 하던 이과생에게 정부나 대학 연구자의 길은 열리지 않을 것처럼 보였다. 나는 이를 빌미 삼아 방황했다. 아니 방황하는 척했다. 그 방황 속에서 내 엔지니어의 꿈은 영면했다.

마케터들은 얄미울 정도로 말을 잘한다. 판을 자기중심으로 바꾸는 데 능하고 삽질을 싫어한다. 무한 삽질, 끝없는 시행착오 속에서 인사이트를 추출하는 분석가와 마케터는 결이 다르다. 반면, 시행착오가 일상의 90%쯤 되는 분석가와 엔지니어는 결이 같다. 분석가와 엔지니어의 세계는 명민함보다는 끈질김과 참을성이 요구되는 영역이다. 분석가 출신인 마케터였기에 나는 혼성 아니 잡종이라고 할 것이다. 나 역시 말발은 밀리지 않았으니 그 말의 힘으로 고집을 부렸다. 회의실도 아닌 사무실 한가운데서 상품기획 선배들과 핏대 올리며 싸우기도 하고 험한 이메일을 주고받기도 했다. 돌아보면 참으로 엔지니어다운 마케터였다.

그 치열했던 시기가 그립다. 나 20세기의 사람, 고지식한 분석가이자 싸움꾼 마케터가 21세기의 사람이 된다면 로고스보다 파토스, 파토스보다 에토스를 갖추고 싶다. 좋은 품성은 느리게 가는 것처럼 보여도 오래 갈 수 있는 힘이 되기에.

제로미를 모델로 하는 십 대 대상 의류는 출시됐을까? 지금 당장 출시 안 돼도 괜찮다. 늙다리 20세기 사람, 나 같은 하이브리드 마케터에게 환호하고 열광한 품성이라면, 그들은 무엇이든 해낼 것이니 말이다.

피시방 가는 청년

"엄마 5만 원만 보내 줘."

"어디 가는데?"

"피시방."

"또 피시방 가서 라면 먹고 밤새려고?"

구로동에서 탄 청년은 어머니에게 오늘치 용돈을 달라며 전화를 걸었고, 어머니의 한숨이 휴대전화 바깥으로 흘러나왔다. 청년은 피시방에서 저녁을 해결하고 다음 날 새벽에 집에 돌아갈 작정이었다. 걸어도 될 만큼의 거리를 택시로 이동한 뒤 청년은 피시방 앞에서 택시를 내렸다.

내리는 청년을 보며 문득 이런 생각이 들었다. 어째서 캥거루족들이 곳곳에 출현하고 있을까? 그들은 왜 경제 활동을 포기했을까? 아니, 사회는 왜 그들에게서 '삶의 의지'를 꺾어 버렸을까? 심화하는 빈부격차. 올라가 버린 뒤 걷어차 버리는 사다리. 아무리 노력해도 자력으로 살 수 없을 만큼 오른 부동산 가격과 줄어든 양질의 일자리가 원인일 것이다. 2024년 현재 15세에서 삼십 대 미만 청년 중 졸업 또는 중퇴 뒤 얻은 생애 첫 일자리에서 1년 이하 계약직과 임시직의 비중이 약 40%에 이른다고 한다. 상대적으로 안정적인, '평생직장'의 가능성이 높은 일자리를 얻는 비율은 50% 수준으로 10년 전보다 약 10% 감소했다.

청년이 내린 뒤 중년의 여성을 태웠다. 그녀는 아들에게 전화했다. 단골 약국에서 정기적으로 사는 수면제와 변비약이 있는데, 최근 다른 약국을 통해서 산 약이 잘 듣지 않는다고 했다. 그녀는 아들에게 원래 다니는 약국에서 먹던 약, 즉 '아론'과 '둘코락스'를 사 오라고 했다.

"약국 들러서 약 사 가지고 와라."

"5만 원 가지고 어떻게 장도 보고 약도 사?"

"끊는다. 빨리 사 와."

"엄마, 나 힘들어."

"잔소리 말고 사 와"

나는 한국이 1997년 외환위기 시대를 맞이할 무렵 대학을 졸업했다. 불과 1~2년 선배들만 해도 기업을 골라서 취직했다. 그때는 대기업 면접을 보면 면접비를 따로 지급하곤 했다.

이른바 '면접 알바'가 일종의 풍속도처럼 유행했다. 실제로는 입사할 것도 아닌데, 여러 곳 면접을 보면서 한 달 과외비보다 많은 돈을 챙겼다. 면접 알바를 통해서 누가 얼마나 더 버나 내기하거나, 그렇게 모은 알바비로 후배들에게 술을 사는 선배들도 꽤 있었다.

하지만 내가 졸업할 때 풍경은 사뭇 달랐다. 기업들이 연쇄로 쓰러졌다. 기업은 신입사원 채용 절차를 중단했고, 산업예비군이 대거 등장했다. 직장을 얻지 못한 대학 졸업생들이 취업 재수를 하기 시작했다. 매해 졸업생들이 쏟아져 나왔지만, 기업의 채용 문은 면접 알바가 유행하던 시기로 되돌아가지 못했다. 기업은 보통 두 자릿수 이상 성장률을 전제로 대규모 채용을 한다. 그런데 그 목표를 달성하지 못하는 기업들이 속출하면서 채용 시장은 급격하게 얼어붙었다.

보일러는 아니래도 식기세척기는 놓아 드릴게요 어머니와 통화를 하고 호흡을 가다듬었다 면접관이 벤치마킹을 묻자 물 흐르듯 답했는데 사학과 졸업생이 경영 용어들을 어찌 아느냐, 경영 경제 용어 사전을 공부했다는 말이 미심쩍은지 세그멘테이션 타겟팅 포지셔닝을 잇달아 물으니 벼락치기로 공부한 밑천이 곧 드러나 어머니에게 사드리겠다는 세척기와 용돈 생각에 엉덩이가 땀을 뻘뻘 흘렸다 더는 내게 추가 질문을 하지 않는 면접관들을 뜨겁게 훑으니 완강하게 돌리는 고개들, 엉덩이는 큰 한숨 쉬며 일어나야 했다 아직 안 끝났습니다, 전 끝난 것 같네요 면접관 하나는 웬 미친놈인가 하는 표정이고 또 하나는 혀를 차고 다른 하나는 서류에 크게 X자를 그리는 통에, 함께 앉았던 지원자 하나는 입가가 뱃머리처럼 올랐고 또 하나는 안타까운 표정으로 돌아보고 다른 하나는 부동자세로 전방을 주시했다 면접실을 박차고 나와 연봉 삼천이라는 카드사 로고를 걷다가 뒤돌아보고 뒤돌아보다 걷다가 지하철역에 이르러 어머니와 통화를 하니 내 말 듣기도 전에 우리 아들 최고여, 제엔장! 그 최고 아들놈은 빨간 내복을 사드리겠다고 공연히 꿈에서 헛약속을 하며 꼬부랑 날들이 꼬부랑 고갯길을 꼬부랑 꼬부랑 계속 넘어가고 있었다˙

학부 졸업 뒤 나는 과거 '1점대 방어율(학점)' 선배들조차 꺼리던 회사들의 서류 전형 문턱도 넘지 못했다. 그러다가 모 그룹에 최종 합격했지만, 입사는 무기 연기됐다.

그러나 그때의 취업난에 비하면, 오늘 청년들의 취업난은

• 이송우, 〈청년 취업기3-비씨카드사 면접〉, 《신세기 타이밍》, 애지, 64쪽

심각한 정도가 아니라 참혹한 정도일 것이다. 그것은 고도성장 경제의 혜택을 모두 누렸지만, 다음 세대들에게는 무한 경쟁의 사회를 물려 준 우리 세대의 책임이 아닌가? 엄마의 약을 사서 귀가하겠다는 청년의 목소리가 얼마나 고마웠던가. 하루치 용돈을 받고서 피시방을 향하는 청년의 뒷모습은 얼마나 안타까웠던가.

젊은 히키코모리들의 닫힌 마음의 문, 취업을 포기한 청년의 게임 중독, 은퇴하고도 자식들 부양하기 위해 비정규직으로 내몰리는 중년들, 무엇보다 정해진 도로에서 단 한 발이라도 벗어나면 쏟아지는 차가운 시선들. 공동체가 무너지면 심리 상담이 활황을 띤다는 말을 오래전에 들었다. 언젠가 수면제 처방을 위해 찾아간 정신과 진료 대기실에서 그곳을 가득 채우고 앉아 있는 우울증 환자들에 놀랐다는 지인의 말을 전해 들었다. 그들은 청년이었고, 중년이었고, 노년이었다. 오늘을 사는 남녀노소 모두에게 우울증 사회를 만들어 준 이는 누구인가? 운전대를 잡고 앉은 나는 다시 한번 우리 세대, 아니 나 자신이 부끄러웠다.

심리학 연구자

"카카오 택시 부르신 분!"

불금의 새벽 신림동에서 손님을 기다렸다. 손님이 승차 위치로 잡은 곳은 신림사거리역 앞, 즉 차량 통행에 방해가 되는 곳이었다. 오래 기다릴 수 없어서 손님과 두 차례나 통화했다. 잠시만 기다려 달라는 말을 계속하던 손님은 세 번째 전화를 받지 않았다. 택시에서 내려 다시 통화를 시도하면서 나는 근처 어딘가 있을지도 모를 손님을 향해 "카카오 택시 부르신 분"이라고 소리 질렀다. 그러자 교차로를 지나가는 차량 운전자들이 창문을 내리고 욕설을 내뱉었다.

욕을 먹으면서까지 계속 기다릴 수는 없었다. 손님에게는 미안했지만, 마음을 접고 차를 돌렸다. 그때 고급 스포츠카 한 대가 택시 뒤를 따라왔다. 차선을 바꿔 나를 앞지르다가 위협적으로 끼어들었다. 그리곤 다시 차선을 바꿔서 택시 옆에 붙었다. 말쑥한 청년의 얼굴이 불쑥 튀어나왔다.

"이 개새끼야!"

만일 내가 개라면 도베르만이겠지. 나는 대학원 시절의 내 별명 '오베르만'을 떠올렸다. 하늘로 도베르만처럼 컹컹 짖으며 으르렁거리고 싶었지만, 내 대답도 듣지 않고 차는 '쇅' 하고 달려가 버렸다. 새벽과 불금. 이 둘이 만나면 때때로 불을 만난 다이너마이트처럼 폭발하곤 한다.

사주 명리학에서 말하는 십성 중 비견(比肩)과 겁재(劫財)는 자신의 힘을 가리키는 개념으로, 비견이나 겁재가 여럿 모이면 가공할 만한 괴력을 불러일으킨다. 이것이 사흉신 중 하나인 '겁재 폭주'다. 겁재 폭주는 지독한 자기중심성과 경쟁심, 돌파력을 상징한다. 나는 겁재의 무도함을 잘 알고 있다. 멀리 볼 필요 없다. 나를 보면 알 수 있다. 사람을 위에서 아래로 내려다보고 언행으로 사람을 판단하던 내 습벽이 바로 겁재의 현신 아닌가. 나는 멧돼지처럼 주변 사람이 보이지 않아서, 또는 주변 사람을 볼 수 없어서 상황이 펼쳐지면 무지막지하게 돌격했다. 나를 돌아보면 '적 아니면 동지'라는 흑백논리, 말보다 빠른 행동, 극심한 경쟁과 돌파에 능한 단무지, 즉 '단순+무식+지랄'의 대명사가 보인다. 상생이 아니라 격파의 대상으로 타인을 인식한 내 '겁재력'은 승자독식을 당연시하는 능력주의 담론의 세례를 받아 성장했다.

"미안합니다. 좋은 불금 보내세요. 축복합니다."

굉음을 내며 사라진 스포츠카는 시각이 아니라 청각으로만 남았다. 나는 사라진 굉음의 주인공 청년에게 사과하고 축복의 인사를 건넸다. 물론 아무도 없는 공간을 향해서 전한 말이었다.

그렇게 축복을 전하고 있는데 서울대 캠퍼스에서 콜이 울렸다. 새벽 2시에 서울대 안이라? 정문을 지나 지도를 따라 올라갔다. 손님의 정체가 궁금했는데 탑승한 사람은 젊은 연구자였다. 밤에는 특히나 먼저 말을 건네지 않지만, 반가운 마음에 인사했다.

"안녕하세요, 손님. 금요일 밤, 아니 토요일 새벽까지 수고가 많으시네요."

"아, 네 요즘 읽을 아티클도 많고 써야 할 것도 많아서요."

"실례지만 손님 전공이 어떻게 되시나요?"

"심리학 공부하고 있습니다."

사회과학 연구 방법론을 크게 정성적 방법론과 정량적 방법론으로 구분한다. 인류학이나 문화연구, 비판 커뮤니케이션, 임상 연구 분야를 제외하면 대개 통계학적 방법이 주류 연구 방법론으로 채택된다. 이때 연구는 계량화된 데이터를 기반으로 하는데, 변수와 변수의 관계를 밝히는 것이 중요한 연구 주제가 된다. 변수 사이에 상관관계나 회귀 관계가 있다고 가정할 때, 이를 통계로 검증하는 과정에서 그 관계가 유의미하면 통계편에 별(*)이 찍힌다. 신뢰 수준은 90%, 95%, 99%로 그 엄격도가 높아지는데, 가장 높은 99% 신뢰 수준에서 변수 관계가 유의미하다고 검증되면 세 개의 별(***)이 찍힌다.

'별들이 내리고 있니?', '별들에게 물어봐!' 이것은 연구 주제가 검증됐는가, 혹은 검증하라는 일종의 격려나 응원의 목소리다. '별들'이 내리는 날이면 얼마나 행복했던가. 나는 연구자로서 행복했던 그 순간을 떠올리면서 청년에게 다시 질문을 던졌다.

"저도 사회과학 연구를 했습니다. 손님, 요즘 별이 많이 내리고 있나요?"

"별이라니요?"

자초지종을 설명했다. 청년은 아직 2학기라서 소논문을 작성하거나 실제 연구를 진행하고 있지는 않다고 했다. 그녀는 아직 별들이 내리는 것을 본 적은 없지만, 앞으로 1년 이내에는 그 순간을 볼 수 있기를 희망한다고 했다. 우리는 사회과학 연구 방법론의 즐거움과 어려움에 대해서 공유했다.

서울의 밤하늘에 별이 보이지 않았다. 별이 없는 하늘 속에서 나는 쏟아지는 별 무리를 셌고, 상상으로 빛나는 별들 속에서 야심만만하던 청년 '오베르만'과 그의 도플갱어들을 소환했다. 흑과 백, 물과 불, 아수라 백작, 지킬 박사와 하이드 씨, 존재 자체가 상호 배타적인 이항 대립들. 그들처럼 모순적이었던 오베르만은 미래에서 자신이 부르는 소리를 들을까? 별이 내리는 새벽을 기다리며 연구실을 지키던 그는 미래의 자신을 예견했을까?

  서초동에서 그녀는 내렸다. 인간은 공동체 속에서 더 행복하게 살 수 있다. 아무리 빼어난 인물도 혼자서는 아무것도 아니다. 영화 〈인터스텔라〉의 주인공 조셉이 미래에서 자신의 딸에게 당부하듯, 나는 청년 오베르만에게 부탁하고 싶다. 통계편에 떨어지는 별들 속에서만 살지 말라고, 하늘의 별들도 함께 바라보라고, 무엇보다도 끝내 '개'가 되지 말라고. 이어 나는 서울의 밤하늘에 숨은 별들에도 청했다. 그녀에게 빛나는 별들을 내려 달라고.

불금의 청춘들

인(寅)시. 새벽 3시 30분에서 5시 30분 사이를 말한다. 완전한 어둠에 조금씩 화기가 트이는 시간, 빛과 어둠이 교체를 준비하는 시간이다. 주행성 동물인 사람의 몸과 마음 역시 이때부터 깨어나기 시작하는데, 밤이 새벽으로 바뀌는 이때가 가장 위험하다. 새가 알을 깨고 나오려는 때가 그렇듯, 이 전환기에 사람의 몸과 마음이 가장 무방비 상태에 놓이기 때문이다. 이것이 옛 소련의 국가안보위원회(KGB) 요원이 대개 인시에 반체제 인사 자택을 급습했던 이유다.

밤의 택시를 운행하는 내게 인시는 밤이 낮으로 전환을 준비하는 때였고, 마음은 벌써 집으로 돌아가는 시간이었다. 인간에게 인시는 가장 심신이 약한 순간일지 모르지만 내게는 밤과 낮의 감성이 모두 요동치는 때였다. 지난밤의 운행을 하나씩 곱씹거나 메모하면서 나는 새벽 5시에 차고지로 복귀했다. 차고지에서 세차하고 마감한 뒤 5시 30분에 퇴근했고, 귀가해서는 6시 30분에 둘째 아이를 깨워 등교시켰다. 서울 어느 곳에 있든 4시 30분이면 나는 차를 돌렸는데, 머릿속에선 다음 과정이 차례로 그려지곤 했다.

'불금'이 마지막 불꽃을 태우는 5월의 어느 토요일 오전 4시에 보문동에서 신사역을 향하는 손님을 태웠다. 한남대교를 건너 신사역사거리를 지나서 오른쪽 샛길로 들어섰다. 아마도 이 청년이 이날의 마지막 손님이 될 것이라고 생각했는데, 예상치 못한 상황이 펼쳐졌다. 앰프의 성능을 최대로 끌어올리는 데시벨의 소리에 노출이 심한 옷을 입은 청춘들이 우글거리는 곳, 거기는 신사동 클럽 거리였다. 청년이 내리자마자 초미니스커트와 가슴골이 훤히 드러난 민소매를 입은 젊은 여성이 다짜고짜 택시에 올라탔다.

그녀는 흑석동행 손님이었고, 흑석동은 차고지인 문래동을 가는 중간에 있다. 흑석동 손님을 태우며 나는 순조로운 퇴근길을 예상했다. 하지만 그것은 보문동-신사동-흑석동-신사동-보문동으로 이어지는 시공간의 반복, 혹은 '덫'의 시작이었다. 그녀는 택시 안에서 내내 지난밤과 새벽에 만난 남자들에 대해 품평했다.

"야, 걔 퍽보이(Fuck boy)*야. 내가 바로 알아봤지."

그중 "퍽보이"로 불린 한 남자에 대한 묘사가 아주 흥미로웠다. 그 남자는 일부러 그녀의 귓가에 대고 속삭이듯 대화하고 안경을 들어 올리며 띄우는 미소를 볼 때 마음먹고 나왔다고 했다. 나는 그것이 왜 퍽보이의 상징이 되는지 이해할 수 없었다. 상냥하고 다정한 모습 속에서 욕망의 씨앗을 어떻게 알아볼 수 있는 것일까?

흑석동에 도착할 무렵 '미리배차콜'로 신사동 손님이 다시 잡혔다. 퇴근 운행으로 모드를 변경해야 콜이 들어오지 않는데 미처 변경하지 않아서 콜이, 그것도 목적지에 도착하기 전에 인근 손님이 잡히는 미리배차콜이 배정됐다. 도리 없이 나는 새로운 손님을 태우고 다시 신사동을 향했다. 공교롭게도 목적지는 보문동 손님이 내리고 흑석동 손님이 탔던 바로 그 클럽 거리였다. 미리배차콜 손님 역시 아직 끝나지 않은 불금의 끝자락을 잡으려는 듯 클럽 거리의 거대한 물결 속으로 사라졌다.

그리고 시간이 역행하듯 보문동행 젊은 남자 손님이 승차했다.

"야, 기 빨려서 더 있지 못하겠더라."

- 오직 성관계를 목적으로 접근하는 남성을 의미하며, 마찬가지로 퍽걸(Fuck girl)이라는 말도 있다고 한다.

어느덧 시간은 새벽 5시가 넘어가고 있었다. 민소매에 드러난 남성의 팔과 가슴에는 물결치듯 근육이 꿈틀거렸다. 보문동행 손님은 오랜만에 친구들과 놀러 나왔는데, 자신을 탐색하는 듯한 끈적한 여성들의 눈초리에 급작스레 피곤함을 느꼈단다. 함께 온 친구들은 오히려 신이 나서 떠들고 술을 마셨는데, 자신은 더 이상 견딜 수 없어서 탈출하듯 클럽을 박차고 나왔다고 했다.

"나는 똑똑한 사람이 좋더라고요. 오빠는 똑똑한 사람 같아요."

자기 집에서 "한 잔 더 하고 가라"라는 남성 변호사와 로스쿨 졸업생 여성을 태운 적 있다. 1984년생 남성은 자신이 ENFP라고 했는데 여성은 그가 ENTJ가 틀림없다고 주장하고 있었다. 내가 보기에 TJ를 좋아하는 그녀는 일머리가 좋은 FP 남성이 마음에 들었다. 나는 그들의 '티키타카'를 들으면서 입꼬리가 살짝 올라갔다. 나이도 꽤 있는 편인 그들이 나누는 소꿉장난 같은 대화가 예뻤다.

완전한 섹스는 물리적이며 화학적이고, 정서적이며 영적인 소통이다. 그것은 인간이 나눌 수 있는 커뮤니케이션 중 가장 원초적이면서 가장 내면적인 '대화'다. 다만 어떤 섹스는 내면의 대화 없이도 종종 일어나기에 정합성 또는 완전성을 갖춘

'대화'를 나누는 행복이 항상 오지는 않는다. 어떤 이들은 "죽으면 어차피 먼지로 돌아갈 텐데 그냥 한번 합시다"라며 이성에게 섹스를 요청한다고 한다. 물리적이고 육체적인 측면에만 집중하는 섹스다. 이 섹스의 즐거움은 오래 지속되지 못한다. 이론적으로는 짧은 즐거움을 여러 번 경험하면 결과적으로 그 즐거움이 오래 지속될 수 있겠지만. 섹스의 빈도를 무한정 늘리는 것은 현실적으로 쉽지 않다. 그것보다는 화학적이고 정서적인 단계로 그 '대화'를 확장하는 것은 어떨까.

언젠가 비 내리는 길음동 좁은 골목에서 나는 밤새 아침이 오길 기다렸다. 잠이 깨서 걸어 나올 당신을 생각하면 차마 골목을 떠날 수 없었다. 그렇게 기다렸던 사랑도 영원하지 않았다. 시간 앞에서 모든 사랑은 덧없을지 모른다. 그런데도 '완전한 커뮤니케이션'을 꿈꾸는 이유는 그 덧없음과 희소성으로 더 짙은 행복을 느낄 수 있기 때문일 것이다. 그날 나는 승객들에게 외치지는 못했지만, 이제야 중얼거려 본다.

'인간아, 인간아! 우리가 누릴 수 있는 궁극의 커뮤니케이션을 지금 당장 실행하라!'

미대 입시생

"저녁 뭐 먹었어? 난 밥 먹는 게 유일한 낙이야."

밤 10시가 넘은 대치동 학원가에서 미대 입시를 준비 중인 고3 학생을 태우고 위례 신도시를 향했다. 그녀는 "수능 준비와 함께 미술 실기 연습하는 게 힘들다"라며 종일 밥 먹는 시간만을 기다리는 요즘 자신의 처지를 한탄했다. 우리 둘째 딸 역시 성악 레슨을 받으며 실기와 수능을 준비하고 있기에 그녀의 심정이 충분히 이해됐다.

그녀는 택시를 타고 가는 내내 친구와 수다를 떨었다. 이렇게 밤에 택시로 귀가하며 친구와 통화하는 것이 그녀의 오랜 습관인 모양이었다.

"연애도 대학 가서 해야지."

"너 사귀는 남친이랑 헤어졌어?"

"아니, 헤어지지는 않았어. 근데 헤어진 것보다도 못해. 만

나도 별로 좋지도 않고 데면데면한 것 같아."

"차라리 헤어지지?"

"그러고 싶기는 한데 남친이랑 어울리는 애들 집안이 다 괜찮아. 공부들도 잘하고. 남친이랑 헤어졌다가 걔들이랑 끊어지면 안 되잖아. 그래서 그냥 만나는 중이야."

"역시 똑똑하네. 그래도 힘들긴 하겠다."

"밥 먹는 시간만 기다리며 하루하루 견디고 있다."

연애도 대학 가서 하겠다는 말과 주변 인맥을 유지하려고 형식적인 교제를 하고 있다는 말에 적잖이 놀랐다. 내가 고3일 때도 이렇게 인맥 관리하는 친구들이 있었나? 그렇게 유지·관리해야 할 만큼의 부자 혹은 힘센 집안의 친구들이 없었다.

"수업 시간엔 좀 자니? 그래도 너는 미대 입시생이니까 전 과목 다 들을 필요 없잖아?"

"맞아. 근데 수업 시간에 자면 다른 과목이라도 공부하라며 선생님들이 막 깨운다."

"정말? 고3이 수업 시간에 잠도 못 자는 학교가 있구나?"

"아주 지독한 학교야. 근데 수능이나 실기도 오전부터 보잖아. 오전에 자는 것보다 깨어 있는 루틴을 유지해서 시험에 대비하는 셈 치려고."

수업 시간에 잠을 자는 학생들이 많다는 것은 나도 알고 있었다. 언젠가 고3 학생들 교실에 학부모 시험 감독관으로 참여한 적 있었다. 시험 문제를 푸는 학생들이 별로 없었다. 대여섯 명을 제외하고 학생들 대부분은 정답을 일렬로 찍고 잠을 잤다. 어떤 학생들은 아예 답안지에 세로로 한 개 실선을 쭈욱 그어 내렸다. 감독 선생님은 "최소한 답안을 표시할 칸에 하나씩 칠하는 정성이라도 보이라"라고 꾸중했다. 학생들 처지에서는 어차피 찍는 것인데, 한 개 실선을 그어 내리나 답안용 빈칸에 점을 찍나 마찬가지겠지.

오늘의 공교육 현장을 목격하며 씁쓸했다. 소위 명문대를 가려고 발버둥 치는 학생들을 제외하고는 별 관심이 없는 시험과 성적. 아마도 이건 내가 고등학생일 때도 마찬가지였을 것이다. 하지만 그 뒤 사교육 시장이 폭발적으로 성장하면서 공교육은 무너졌고, 그런 오늘을 만든 것은 명백히 우리 기성세대의 잘못이었다.

아침이 가까운 새벽 4시쯤 강남역에서 분당으로 가는 청년들 셋을 태웠다. 그들은 학교 댄스 동아리 회원들이었다. 한 명은 조수석, 두 남녀는 뒷좌석에 탔는데 그들은 서로 영어로 소통했다. 아마도 영어로 말하면 운전사는 모르리라 생각했던 것 같다.

"Why you do not trust me(왜 나를 믿지 않는 거야)?"

"I trust you(나 너 믿어)."

사랑의 투정을 하는 여성과 그녀를 달래려는 남성의 모습 모두 사랑스러웠다. 나는 영어로 한마디 했다.

"I would say people falling in love each other look great and crazy, as you do(사랑에 빠진 사람들은 언제나 멋지고 미친 듯 보인다고 말하고 싶네요, 여러분처럼 말이죠)."

"Yes, we do(네, 우린 그래요)."

뒷좌석 청년들은 영어로 그들의 알콩달콩한 사랑싸움을 계속했다. 믿고 안 믿고 그런 것이 중요할까? 어쩌면 신뢰의 문제가 아니라 그것을 매개로 해서 대화를 이어가는 것이 중요할 것이다. 어쩌면 그녀는 정말 남성이 자신을, 아니 자신의 사랑을 믿어 주기를 바랐을 수도 있다. 정체가 무엇이든 간에 그 순간 그들이 주고받는 사랑의 투정은 진실했다. 청자와 화자 사이에 소음이 있다고 해도 그들은 기어코 소통할 것이었다.

다른 커플을 본 적이 있다. 그들은 달랐다. "왜 자신을 믿지 못하냐?"라며 계속 울었다. 어쩔 줄 모르는 남성이 머뭇대면 "왜 말이 없느냐?"라며 울부짖고, "미안하다"라고 하면 "뭐가 미안하냐?"라며 소리쳤다. 그런 고함 뒤에는 대개 "헤어지자"라는 선언이 따라왔다.

자취방에서 숙식을 같이하는 댄스 동아리 남자 선배와 여자 후배는 아마도 오랫동안 동거할 것이란 느낌이 들었다. 거기에는 함성도 울음도 없었으니까. 연애도 대학 가서 하겠다던 고3 입시생은 몇 년 뒤 이들처럼 달콤한 사랑의 투정을 나누게 될까? 그렇게 되면 입시 지옥과 공교육 붕괴 현장을 넘겨준 기성세대의 죄책감은 조금 덜할 수 있을까?

서울로 돌아오는 새벽에 굵은 빗방울들이 사나웠다. 폭우가 내리면 와이퍼 속도가 아무리 빨라도 견디기 어렵다. 와이퍼의 움직임 사이로 빗발 내리는 풍경이 날카로웠고, 풍경의 '칼날'에 베이지 않으려면 집중해야 했다. 그런데 이상했다. 전면에 집중하면 집중할수록 안개처럼 사위를 채우는 빗줄기 속에서 물기가 번들거리는 얼굴의 숱한 '나'들이 고개를 들었다. 그들은 나였다가, 당신이었다가, 아이들이었다가, 부모님이 됐다. 나의 모든 '나'들이 나에게 손을 흔들었다. 아니다. 그들은 사랑을 유예하고, 사랑을 전하고 싶고, 사랑에 울부짖는 청년들에게 손을 흔들었을 것이다.

땀내 나는 청년들

"기사님, 안녕하세요. 저희가 1~2분 뒤면 도착할 것 같아요. 미터기 꺾고 기다려 주시면 고맙겠습니다."

미터기를 꺾고 기다리라는 당부. 흔치 않은 요청이다. 대개 늦는 사람은 콜을 부른 장소로 찾아갔을 때 자리에 없다. 도착해서 콜을 부른 사람에게 연락하면 "조금만 기다려 달라"라고 하는 것이 일반적이다. 5분 정도 기다리는 것은 괜찮다. 한번은 10분 넘게 기다리다가 다시 통화했고, 급기야 30분이 넘은 뒤 연락이 되지 않아서 차를 돌려야 한 적도 있었다. 거기에 비하면 1~2분만 기다리라는 당부에 더해 미터기를 꺾고 있으라는 요청은 큰 혜택을 '베푸는' 일이다.

기분이 나근나근해진 상태로 기다렸다. 미터기를 꺾지 않았다. 이렇게 마음을 써 주는 승객에게 미터기를 꺾을 수는 없었다. 금방 이십 대 청년 둘이 승차했다. 밝고 힘찬 목소리의 청년들이었다. 그들에게는 땀과 음식 냄새가 났다. 성실한 노동이 뿜어낸 땀과 그 노동을 마친 뒤 먹은 음식의 잔향이라고 생각해서 그런지 싫지 않았다.

청년들은 하루의 노동에 관해 이야기를 나눴다. 햇살을 정면으로 받으며 물건을 옮길 때 흐르던 땀, 계단을 올라갈 때 무게에 흔들리던 몸, 둘이 함께 어깨에 물건을 들어 올리면서 맞췄던 어깨높이, 얀의 노래 〈심(心)〉에 맞춰 부르며 계단을 내려가는 장면들이 내 머릿속에서 영사처럼 펼쳐졌다. 그들이 며칠까지 이 작업을 하게 될지, 그다음에는 어떤 작업에 투입될지, 온몸을 덮는 땀띠를 어떻게 처치할지를 논의할 때는 나 역시 그들과 함께 다가올 며칠을 사는 기분이었다.

"코인에 얼마나 넣었어?"

"다 넣었어."

코인 사기로 큰 손해를 입었다는 기사를 보았기에 나는 청년들이 걱정됐다. 코인의 대장주라고 할 만한 "비트코인은 불사한다"라는 그들의 말에 안도했다. 그들의 노동이 정규직인지 비정규직인지 임시직인지 하루 날품팔이인지 알 수 없었지만, 성실하고 타인을 배려하는 자세라면 그들의 장래는 분명 밝을 것이라 나는 믿고 싶었다.

강남에 그들을 내려 주고 이번에는 역삼동에서 말끔한 청년 한 명을 태웠다. 담배에 불을 붙이고 있던 그는 택시가 다가가자, 손을 들어 잠시 시간을 달라는 듯 양해를 구했다. 담배를 피우고 택시로 들어선 그에게는 향수 냄새와 담배 냄새가 뒤섞여 풍겼다. 승차한 뒤에 그는 누군가와 통화를 시작했다.

"아가씨가 아니니까 돈 줄 필요 없어."

청년은 통화 상대자에게 "아가씨 상"의 어떤 여인을 소개해 주겠다고 했다. "아가씨 상"의 그녀는 이른바 업소에 나가는 '아가씨'가 아니었다. 이 사실은 그들에게 화대를 내고 성을 구매할 필요가 없음을 의미했다. 그는 '아가씨 상'의 그녀를 "레걸"이라고 불렀는데, 이 단어는 성적으로 자유로운 여성을 의미하는 '걸레'의 글자 순서를 뒤바꾼 것임을 알게 됐다. 그러면서 그는 그녀를 잘 구슬리면 언제든지 "쩐 연애"를 할 수 있으며, 지난밤에도 아는 형이 먼저 데리고 놀았다고 했다. 그는 아깝다는 말을 덧붙이며 그에게 잘해 보라는 응원을 건넸다.

"이제 통장에 50만 원 남았다."

그는 몇 달 노느라 돈을 다 썼다면서 이제 다시 돈을 벌어야 한다고 했다. 그는 고객의 투자를 유치해서 큰돈을 굴릴 수완이 있는 듯 보였다. 그에 따르면 거래하는 고객 중 미혼인지, 기혼인지, 기혼이라면 자식이 있는지, 자식이 있으면 나이가 어떻게 되는지에 따라서 투자 유치를 위한 설득 지점이 다르다고 했다. 그리고 최근 대학 입학을 앞둔 자식을 둔 오십 대 남성을 공략 중이라고 했다. 이 투자 유치가 성공하면 또 몇 달 잘 놀 수 있다면서.

"아, 참 며칠 전 ○○형이 람보르기니 뿌리더라."

노는 걸 좋아하는 형, '아가씨 상'의 여성과 어제 놀았다는 형, 그 형이 며칠 전 자기 여자 친구와 함께 나타나서 '람보르기니'를 쐈다는 말이었다. 람보르기니는 그들 사이에서 마약을 상징하는 은어였다. 주변 사람들 앞에서 체면을 차리는 걸 좋아하는 그들 커플이 통 크게 쐈서 제대로 놀았으니, 그 커플이 놀자고 하면 꼭 나오라고 충고 하면서 청년은 택시에서 내렸다.

준수한 외모와 세련된 복장에 향수 냄새를 풍기는 청년, 통 크게 마약을 뿌리는 동네 형을 가진 청년, 원하면 금방 큰돈을 만들 수 있는 청년. 이전에 탔던 땀과 음식 냄새를 풍기는 청년들에 비하면 그는 금수저를 입에 물고 태어났을 확률이 높다. 큰 투자를 유치할 만한 넓은 인맥은 아마도 그의 집안이 만들어 줬을 것이다. 그러나 그의 통화를 들으며 나는 그의 향수에서 악취가 풍기고 있음을 알았다.

나는 그들이 어떻게 미래를 펼쳐갈지 모른다. 그런데 세상에 보이지 않는 규칙과 질서가 있다면, 칸트가 말한 '물자체'이든, 역사 발전의 합법칙성이든, 그것도 아니면 신이든 그 무엇이 있다면, 작렬하는 오후의 햇살을 담은 저 '땀 냄새'들에게 더 큰 기회를 주지 않겠나. 보이지 않는 힘이시여, 부동(不動)의 원동자(原動子)여, 땀내 나는 청년들을 축복하소서!

'멸실'되고 '폄훼'된 사람들

    당산동에서 여의도 병원을 가는 초로의 여인을 태웠다. 한복을 곱게 차려입은 그녀는 카카오 택시 앱을 사용할 줄 몰랐다. 중병을 앓는 듯한 그녀는 한 달에 한두 번은 아이들이 앱으로 택시를 잡아 줘서 병원을 간다는데, 그 이상 병원을 가게 될 경우에는 아이들이 걱정할까 봐 몰래 택시를 잡아탄다고 한다. 그러면서 거리에서 택시 잡는 것이 참 힘들다며, 차를 세워 줘서 고맙다는 말을 보탰다. 따지고 보면 나는 지나가다가 우연히 승객을 태운 것뿐이지 그렇게 감사 인사를 들을 만한 일을 한 것은 아니다. 그런데도 정말로 고마워하는 분을 보면, 내가 고마운 일을 한 것일까 하는 생각이 들기도 한다. 이는 형식이 지극하면 그 안에 담긴 내용까지도 형질 변환을 일으키는 사례로 볼 수 있다.

    1980년 광주항쟁 때 한복을 꺼내 입고 시위에 참석하는 여인들이 있었다. 의복을 단정히 하고 시위에 참석하는 모습은 춘추시대 말기 공자의 제자인 자로를 떠올리게 한다. 자로는 위나라 장공의 부당함에 맞서 항의하다가 장공의 부하들과 칼싸움을 벌였다. 장공의 부하들은 자로와 교전 중 그의 목이 아니라 갓끈을 베었을 뿐인데, 자로는 갓을 고쳐 쓰다가 칼을 맞고 죽었다. "군자는 죽더라도 갓을 벗지 않는다"라는 말이 여기에서 나왔다. 싸움이라는 '내용'보다 의관을 정제한다는 '형식'을 따르면서 죽음을 맞는 장면은 이해하기 쉽지 않다.

노동하는 인간과 그를 지배하는 인간 사이의 모순은 대개 두 가지 상황에서 깊어진다. 노동의 결과 발생한 잉여가치가 많지 않은 경우, 즉 가뭄이나 홍수 등 자연재해로 큰 흉작이 발생하거나 잉여가치의 탈취 방법이 가혹할 때다. 사회의 모순은 권력이 그 권력을 남용해 잉여가치를 과도하게, 강제적으로 탈취할 때 깊어진다. 춘추전국의 모순 역시 잉여가치를 집중시키는 과정에서 발생했다. 잉여가치의 배분 과정에 대해 더 효과적이거나 효율적인 방법을 유세한 집단이 제자백가였다. 공맹(孔孟)이나 노장(老莊)도 그 배분을 '인'이나 '무위' 등으로 찾으려고 했다고 생각한다.

청소년기에 이현세의 《까치와 고독한 영웅들》이라는 만화를 탐독했다. 만화에 등장하는 인물들은 하나같이 무엇인가 부족하고, 동시에 이를 극복하고자 지독히 노력한다. 예컨대 주인공들은 하나같이 마음을 다쳤거나, 가족을 잃었거나, 한쪽 팔이 없거나, 한쪽 눈이 안 보였다. 왜 1980년대에 이런 군상들이 만화에 등장했을까? 한국의 고도성장과 모순 때문이다. 그들은 한국 경제의 고도성장을 위해 희생한 사람들, 혹은 부의 분배 과정에서 탄압받은 사람들에 대한 오마주였을 것이다. 그들은 지독한 모순의 사회가 낳은 지독한 인간들이다. 내 보기에 칼싸움 중 갓끈을 고쳐 매면서 죽은 '자로'와 '까치와 고독한 영웅들'은 매우 비슷하다. 혹시 그들은 체면을 지켜야만 하는 모순의 사회를 살았던 것은 아닐까?

유대인 집단수용소에서 살아남은 사람들에게 몇 가지 특징이 있었다. 마시기에도 부족한 물을 얼굴을 닦는 데 쓴 것은 생존자들의 공통점 중 하나였다. 그들은 최소한의 자존감을 지키는 데 부족한 물을 썼다. 나는 자존감을 지키려는 이 같은 노력이 체면 문화와도 만난다고 생각한다. 나중에 허례허식이라는 욕을 뒤집어쓰지만, 그것은 자신의 자존감을 지키려는 최소한의 시도가 아니었을까? 중병에 걸렸지만 곱게 단장하고 병원을 가는 여인, 목숨을 내놓아야 할지도 모를 항쟁의 자리에서 한복을 입는 사람들처럼 말이다.

최근 신구대학교 사진과 졸업전시회에 갔다. 〈멸실〉이라는 사진과 〈폄훼〉라는 영상이 눈에 띄었다. 〈멸실〉은 다양한 자세와 표정의 청년들이 욕조에서 몸부림치는 광경을 담았다. 공포와 불안과 고통이 청년들을 휘감았을까. 미디어에서 그리는 MZ세대는 대개 자유롭고 자신의 욕망에 충실하다. 그렇다면 MZ세대의 자유와 욕망 표현 이면에는 공포와 불안이 데칼코마니처럼 쌍을 이루고 있는 것일까. 〈폄훼〉 영상은 일종의 행위예술이다. 하회탈을 하고 무명옷을 입은 주인공에게 익명의 사람들이 함부로 물감으로 색칠하고 그 위에 다른 색으로 덧칠한다. 버티며 서 있던 주인공은 결국 쓰러진다. 나보다 약한 자를 향하는 구조적인 복수와 익명의 폭력성이 화두인 셈이다.

'멸실'되고 '폄훼'된 MZ들이 거리로 쏟아져 나왔다. 탄핵 집회와 '남태령대첩'에서 그들이 보여 준 거침없음과 '흥'은 새로운 저항의 양식이 되고 있다. 이것은 투쟁이 아니라 일종의 놀이다. 프랑스의 68세대와 한국의 586세대의 업그레이드 버전이다. 《까치와 고독한 영웅들》이 보여 준 세상은 형식이 내용을 압도하는 사회를 반영한다. 그들은 극단의 상황을 내면화한 일그러진 영웅들이다. 과거 투쟁의 현장에서는 갓끈을 고쳐 매기 위해서 칼을 맞는 것도 감수해야 했다. 그러나 지금 청년들은 그런 형식을 거부한다. 탄핵 집회의 거리는 그야말로 형식과 내용이 합일된 세상이다.

크리스마스 저녁 안국역에서는 〈좋지 아니한가〉에 맞춰서 청년들이 응원봉을 흔든다. 〈아파트〉에 맞춰서 윤석열 탄핵을 외친다. 아르바이트한 비용을 아낌없이 난방 버스 부르는 데 쓰고, 트럭을 동원해서 각종 음식을 주문하고 거리로 나른다. 그들이 그 돈을 어떻게 모았는지, 얼마나 오래 걸려서 모았는지 가늠하기 어렵다. 어떤 돈은 해외여행 가기 위해 모은 돈이고, 또 어떤 돈은 가족 행사를 위해 마련한 돈이라고 들었다.

분명한 것은 불안과 공포에 떨던 그 청년들이 그 어둠의 에너지를 광장으로 끄집어냈다는 사실이다. 체감 온도 영하 20℃를 밑도는 강추위와 눈발이 쏟아진 한남동 일대, 한 명 한 명이 '키세스 초콜릿'이 된 사람들. 까치가 '다시 만난 세상'은 이토록 자유분방했다. 그들의 거침없음과 그 거침없음 이면의 불안과 두려움까지 모두 사랑한다. 이들의 '체면'은 어떤 방식으로 전개될까?

    서강대교 너머 국회의사당

    돌개바람 들이쳐

    탄핵소추의 깃발들 펄럭였네

…민주개산책시민 만두노조 전국펫테일저빌협회 테라컵라면동호회 연체도서사면위원회 웹소작가-마감하기도급한데 전국집에누워있기연합 전국치즈냥연구회 나,혼자나온시민 화분안죽이기실천시민연합 전국까만고양이연합회 미국너구리연합 한국지부 강아지발냄새연구회 슬퍼할겨를없는바쁜벌꿀모임 수능끝난고3연합 돈없고병든예술인연합 전국냥아치혈맹 전국수족냉증연합 피크민꽃심기모임 전국쿼카보호협회 메탈야옹 전국정신건강의학과개근환자협회 한국멸종위기야생전신갑옷보호협회 날아다니는스파게티괴물연맹 북태평양해저기지뜨개모임 사립돌연사박물관 사단법인와식생활연구회…

그러다 보았네

아득하게 높은 깃대 위

혼자 흔들리는

(내향인)

아마도 그는 고소공포증

아마도 그녀는 대인기피증

저렇게 높이 오르기 위해

얼마나 오래 망설였을까

모든 것을 뚫는 창과

모든 것을 막는 방패처럼

소심한 괄호 안에서

온몸으로 나부끼려고

수퍼소바 노래에 맞춰 응원봉을 흔드는

그대 (내향인)•

• 이송우, 〈(내향인)〉, 계간《창작21》겨울호(2024년).

예비 신부와 그 친구들

이태원에서 여성 셋을 태웠다. 한 명은 결혼을 앞둔 예비 신부, 다른 두 명은 지방에서 올라온 그녀의 친구들이었다. 친구 한 명이 결혼하고 나면 함께 춤추러 나오기가 쉽지 않을 것이라며 그녀들은 예비 신부의 결혼 축하 겸 모였다. 예복 및 결혼사진을 찍는 서비스는 어떻게 할 것인지, 신혼여행은 어떻게 할 것인지, 살 집은 어디에 마련할 것이지 등 친구들은 예비 신부에게 궁금한 점을 물었고, 그때마다 예비 신부는 밝은 목소리로 하나씩 대답했다.

"근데 오빠는 앞으로 게임 어떻게 한다고 해?"

그 질문 앞에서 그녀는 잠시 멈칫했다. 아마도 예비 신랑이 게임광인 모양이었다.

"아 알파룸을 게임방으로 만들 계획이야."

알파룸은 아파트 안 자투리 공간을 활용해 만든 방이다. 대개 이 공간은 창고로 활용되는 경우가 많은데, 예비부부는 알파룸을 게임방으로 쓰기로 한 모양이다.

　게임에 빠진 남편을 바라보는 아내가 얼마나 무서운지 나는 체험한 적 있다. 지독한 야근이 계속되던 삼십 대 중반의 어느 날이었다. 며칠 전 시뮬레이션 게임 〈삼국지〉에서 벌였던 한중(漢中) 전투를 어떤 방식으로 이어서 전개할지 고민하면서, 자정 무렵 퇴근한 나는 조용히 서재로 스며들어가 컴퓨터를 켰다.

　나는 KOEI사의 〈삼국지〉 게임을 1990년대 초반부터 즐겨 왔다. 게임을 더 잘하기 위해서 이문열의 대하소설 《삼국지》를 세 번 읽었고, 어느 시대 어느 지역에 어떤 능력치의 인물이 출현하는지 다 꿰뚫고 있었다. 그때 새로운 버전의 〈삼국지〉가 출시됐고, 게임을 새롭게 즐기기 위해 황석영의 《삼국지》를 읽는 중이었다. 소설을 읽으며 주요 전장과 게임상에 나타난 지형을 비교하면서 게임하는 재미가 쏠쏠했다. 산맥으로 둘러싸인 한중의 험준한 지역적 특징을 상상하면서 며칠 전 썼던 게임의 기록은 다음과 같았다.

　"어제는 백수관을 넘어온 육만의 적들이 정군산 앞에 진을 치는 걸 속수무책으로 지켜봐야 했다. 나의 주력부대는 장강 하류의 건업과 시상으로 진군 중이었기에 한중까지 되돌릴 수 없었다. 장안성의 십만 대군 역시 서량에서 마등군과 맞서고 있었다. 고립무원이 된 한중은 가드를 내린 맨얼굴 같은 처지였으니, 손오(孫吳)가 그 기회를 놓칠 이유는 없었던 것이다. 한중의 군사는 삼만이고, 일만의 군사를 지휘할 수 있는 장수는 맹획과 관우의 아들 관흥 정도뿐. 그렇다면 친정(親征)이다."

나는 한중 전투를 어떻게 지휘할지 골몰한 채 귀가했고, 치열한 전투를 벌이기 위해 숨을 골랐다. 그런데 예상하지 못한 공격은 가상 공간이 아니라 현실 공간에서 발생했다. 갑자기 등 뒤에서 싸한 느낌이 들었다. 돌아보니 어떤 감정도 알아챌 수 없는 무표정의 아내가 서 있었다. 무슨 말을 건넬 틈도 없었는데 아내는 컴퓨터 본체를 뽑아 들더니 천천히 베란다로 걸어갔다. 나는 꿈을 꾸는 듯 잠시 멍했는데 이내 아내의 의도를 알아챘다. 아내는 나의 고성능 게임용 컴퓨터를 베란다 밖으로 던져 버리려 했다.

"잠깐만!"

나는 다급하게 소리쳤다. 그런데 더 놀라운 일이 벌어졌다. 건넌방에서 아버지가 나타났다. 아버지가 무슨 이유로 전화도 없이 우리 집에 오셨지? 연락 없이 오셨다고 하더라도 아버지가 주무시지 않고 이 밤중에 왜 나오셨지? 컴퓨터 본체를 들고 베란다를 향하는 아내와 갑자기 출현한 아버지의 존재에 나는 당황했다. 상황은 급박했다. 아버지께 인사를 드리기 전에 일단 아내를 막아야만 했다.

"애비는 여기 와서 앉아라."

베란다 창문을 여는 아내가 그제야 멈춰 섰다. 나는 숨을 고르고 아버지 앞에 앉았다.

"도대체 아비 나이가 몇 살이냐?"

아아, 아내의 계략이었구나. 아내는 내 게임벽(癖)을 막으려고 아버지를 동원한 것이었다. 머릿속이 하얗게 변했다. 정군산에서 무너지는 장군들의 환영이 보였고, 기고만장한 손오군의 함성이 환청으로 들렸다. 황석영의 《삼국지》에서 "조자룡이 헌 창 쓰듯"을 설명하는 장면, 즉 유비의 아들 아두를 품에 안고 적진을 짓밟던 조운 역시 희미하게 사라져 갔다. 낙심했다. 이번 버전의 삼국지를 하기는 다 틀렸구나.

15년 전쯤이었나? 우리 팀원 중 한 명이 "내가 지금 회사에서 죽 쑤고 있지만 온라인 세상에서는 누구도 나를 함부로 하지 못한다"라고 선언했다. 그때 동료 팀장이 내게 "그 친구 뭔가 좀 이상하지 않냐?"라고 물었다. 지금은 온라인-오프라인이 공진(共進)하는 메타버스의 세상이지만, 당시 이 팀원의 선언은 일종의 커밍아웃이었다. 온라인 세상은 다분히 현실과 떨어진 공간이었고, 어떤 이들에게는 현실의 모순이 순화 또는 제거된 순백의 세상이었다. 다름에 대한 두려움 때문이었는지 게이머를 현실 도피자, 사회 부적응자로 간주하는 분위기가 있었다. 온라인 게임 헤비 유저(Heavy User)를 향한 시선은 다분히 싸늘했다.

나는 패싸움이라고 하면, 1990년 8월 잠실야구장에서 터졌던 엘지 트윈스와 해태 타이거즈 팬들 간 격돌을 떠올린다. 운동장을 가득 채운 채 벌어진 싸움은 1시간여 만에 끝났다. 그런 패싸움이 2000년대 온라인 세상에서, 그것도 실제 주먹질보다 더 피 터지게 벌어진다는 사실에 놀랐다. 한참 온라인 게임에 빠져들던 나는 온라인 게임에서 초등학생들에게 속칭 '다구리', 즉 집단으로 두들겨 맞으면서 흥미를 잃었다. 어이가 없어서 주변에 내 경험을 공유했더니 '초등학생들과 놀다가 왕따당한 이'로 몰리고 말았다.

내 게임 편력은 온라인 게임으로 제대로 넘어오지 못했지만, 나는 온라인 세상에 투신한 숱한 전사들을 직접 목도했다. 전사의 칭호는 끈기와 시간, 노력을 요구했고, 청년들은 기꺼이 거대한 물결을 이루면서 온라인으로 행진해 들어갔다. 내 생각에 그것은 외환위기가 한국 경제를 강타한 뒤 무너진 집단주의 문화의 후과였다. '오늘의 유머'와 '일간 베스트', '디씨

인사이드' 등 초기 온라인 커뮤니티들의 성장은 오프라인 세상의 집단주의 문화 퇴조와 때를 함께했다.

온라인 커뮤니티는 비정치성, 무정치성, 몰정치성을 넘어 편 가르기와 확증편향성까지 다양하게 부유해 왔다. 새롭게 등장한 분노 세대는 '진지충'과의 정치적 논쟁보다는 비웃음과 놀림에 더 쉽게 끌리는 것 같다. 게임광 혹은 어떤 분노 세대를 바라보는 내 마음은 복잡하다. 며칠 밤을 새워도 견뎌 낼 수 있는 젊음이 부럽기도 하고, 게임이라는 온라인 선택지로만 몰리는 환경이 안타깝기도 하다.

발정기의 수컷 낙타는 식음을 전폐하고 교미를 하기 위해 싸돌아 다닌다고 한다. 그렇게 일주일 넘게 모든 것을 쏟아내고 나면 수컷의 낙타봉은 쭈그러든다. 낙타봉 안에는 사막의 열기를 이겨내기 위한 영양분이 보관돼 있는데, 낙타봉이 쭈그러들었다는 것은 몸속 영양분 한 방울까지 뽑아 썼다는 신호다. 일하면서 밤새고, 게임하면서 밤새고, 또 사랑을 나누면서 내 젊음의 낙타봉도 쭈그러들었다. 예비 신랑의 낙타봉은 신혼 기간 어떤 방식으로 쭈그러들까? 그가 알파룸 안에서만 지내다가 나처럼 끌려 나가는(?) 일이 없기를 바란다.

첫째 딸

 9시간 30분, 300km, 25건, 35만 원. 지난밤의 기록이다. 콜이 쉬지 않고 울렸다. 손님이 목적지에 도착할 무렵이면 미리 배차콜이 울렸다. 한강 다리를 남북으로 10번을 건넜고, 한강신도시를 다녀왔으며, 서울 동북쪽 구리와 양주에서도 돌아올 때 손님을 태웠다. 화장실을 다녀올 틈이 없었다. 물 들어올 때 노 저어야 한다고, 충실하게 달렸다. 평소보다 더 늦게까지 일하고 돌아와서 쓰러졌다. 운수 좋은 날이었다.

 오전 7시에 자고 오후 3시에 일어났다. 첫째 딸 분위기가 심상치 않았다. 밥을 같이 먹자고 하는데도 별 반응이 없었다. 무슨 일이지? 왜 그렇지? 첫째의 생일이었다. 대개 자정 넘을 때 생일 축하 인사를 하는데 지난밤은 그냥 넘어갔다. 오후에 별다른 축하 인사도 없이 식사하자고 하니 첫째의 심기가 몹시 불편했던 것이다.

"1년 중 내가 가장 중요하게 생각하는 날이 생일이야. 몰랐어?"

몰랐다.

"그래, 뭐 먹으러 나갈까?"

"내가 제일 좋아하는 게 뭔지 몰라?"

역시 몰랐다.

"딸이 카레를 좋아하는 것도 모르면 어떡해?"

생각해 보니 첫째 딸 생일 때 인도 음식점에 자주 갔었다. 내가 인도 음식과 카레를 그다지 즐기지 않아서 그랬는지, 첫째 딸이 카레를 그렇게 좋아하는지를 이제야 알았다. 생일을 가장 중요하게 생각하고 카레가 '최애' 음식이라니. 나는 지난 20여 년 동안 첫째 딸과 충분히 의사소통했던 것일까? 내가 그녀에 대해 모르는 것들은 얼마나 많으며, 첫째 딸이 말하지 않은 것들이 얼마나 깊이 숨었는지 알 도리가 없었다.

"엄마 아빠가 사이좋게 지냈으면 좋겠어."

초등학생일 때 그녀는 그렇게 말했다. 그때 나는 주위를 둘러보지 못할 만큼 정신없이 일하는 무심한 남편이었고 가족에게 소홀한 미숙한 아빠였다. 다정한 남편, 따뜻한 아빠가 될 역량도, 그렇게 노력할 여유도, 그래야 한다는 자각도 없었다. 시간을 되돌린다면 나는 더 잘할 수 있을까?

지난 몇 년간 코로나 사태 이후 집에 있는 시간이 많아졌다. 가족이 돌아가면서 코로나에 걸리면 각자의 방에서 '창살 없는 감옥'을 겪기도 했다. 정규직 퇴직 뒤 프리랜서로 재택근무 하면서 가족 간 대면의 시간은 일상이 됐다. 그 일상에서 가족 내 의사소통은 중요한 과제로 떠올랐다. 그동안 얼굴을 맞대지 않아서 지나갔던 습관이나 행동이 서로의 눈에 드러나 보이니 작은 것에서부터 큰 것까지 다툼의 여지가 많아졌다. 음식 선택과 준비, 상차림, 설거지 등 식사에서 취침과 기상 시간, 휴대전화 사용과 텔레비전 시청까지 의견 일치를 보기가 어려웠다. 말 그대로 전쟁이었다. 다들 작은 일에 분노했고, 화를 표현하는 것도 격렬해졌다. 택시 운전하면서 집 밖으로 나오자 차라리 숨통이 트이는 것 같았다.

2023년 11월 엘지 트윈스와 케이티 위즈는 한국 시리즈에서 맞붙었다. 나와 두 딸은 모두 트윈스 팬이다. 우리는 한국 시리즈 3차전 표를 어렵게 구했고, 3차전 당일 사당역에서 수원 케이티위즈파크로 가기 위해서 버스를 기다렸다. 그런데 사당역에서 수원으로 이동하는 버스 줄이 '어마무시'했다. "오후 4시부터 기다려도 시작 시각을 맞추기가 어렵다"라는 말이 들렸다. 택시를 잡는 것도 어려웠는데, 둘째 딸 친구들이 택시를 잡고 비용은 1/N로 나누자는 연락을 했다.

5명이 꽉 끼어서 택시를 타는 것도 싫었고, 둘째 친구들과 택시비를 1/N 한다는 것도 내키지 않아서 거절했다. 그런데 두 딸은 자기들만이라도 택시를 타겠다며 합승하고 떠났다. 딸들이 택시를 타고 간 뒤 나는 30분을 더 기다려서 버스를 탔다. 혼자 버스를 타고 가면서 마음이 복잡했다. 자신들의 의견을 주장하고 의견 일치를 보지 못하자 과감하게 행동한 아이들은 대단했다. 그렇다고 아빠를 혼자 두고 그냥 간 것은 좀 너무하지 않았나? 뒤늦게 카톡으로 "죄송하다", "생각이 짧았다"라는 연락이 왔다.

케이티위즈파크에 도착하니 경기 시작 뒤 1시간이 지났다. 우리의 오스틴 딘 선수가 홈런을 쳤지만, 경기는 엎치락뒤치락했다. 케이티의 박병호 선수가 홈런을 쳤을 때 우리는 모두 3차전은 졌다고 생각했다. 그러나 웬걸! 9회에 오지환 선수의 극적인 3점 홈런으로 경기가 뒤집혔다. 이 경기는 10년에 한 번 나올까 말까 할 명승부였다. 경기가 트윈스의 승리로 확정되고 난 뒤에도 우리는 다른 팬들과 남아서 노래를 부르면서 경기장을 한동안 떠나지 않았다. 시간은 자정을 넘었고, 버스를 기다리다가 우리는 근처 찜질방에서 다 함께 잤다.

그때 나는 솔직하지 못했다. 내 생각을 잘 전달하지 못했다. 내 마음을 털어 놓았다면 비록 1시간 늦게 경기장에 도착했겠지만, 처음부터 함께 응원했을 것이다. 고맥락(High Context) 사회에서는 직설이 아니라 뉘앙스로 의사소통한다고 한다. 일본과 한국은 고맥락 사회다. 그러나 나는 이 사건 이후 저맥락 사회의 의사소통, 즉 분명한 의사소통을 선호하게 됐다. 뭔가 이상한 기운이 남아 있다면 풀어야 한다. 그 이상한 기운의 정체가 밝혀지지 않는다면 장난이라도 치면서, 혹은 정중하게 사과하면서 서운함을 토로하게 해야 한다. 그래야 더 큰 오해를, 소통 단절을 막을 수 있다.

"아빠가 미안해, 잘못했어. 많이 속상했어? 카레 먹으러 나가자."

첫째 딸의 뿌루퉁한 얼굴이 스르륵 풀렸다. 힘 들어갔던 눈매가 내려앉았다. 아, 운수 좋은 날이었다.

2
인혁당재건위
사람들

'광인' 이영호와 '교수' 조영건

늦은 밤 경동시장 근처에서 할머니 한 분을 태웠다. 시장통을 지나가고 있을 때 허리가 굽은 할머니 한 분이 손을 흔드는 것을 봤다. 늦은 밤 한적한 곳에서 호출 앱 없이 택시 잡기는 쉽지 않다.

오랫동안 택시를 잡지 못하고 기다렸다는 할머니는 화계사 입구까지 가 달라고 했다. 야간에 수유동으로 진입하면 대개 빈 차로 돌아 나와야 하기에 택시 운전사들은 가기를 꺼린다. 야간 할증 시간에 바짝 손님을 더 태워야 하는데, 그 시간에 빈 차로 도심이나 홍대, 강남으로 나오려면 30여 분을 '공쳐야' 하기 때문이다. 더구나 카카오 택시 예약 호출 없이 거리에서 손님을 태울 때는 수유동행 손님을 잘 받지 않는다. 특히 나처럼 차고지가 문래동인 경우는 퇴근 운행까지 고려해야 해서 더하다.

하지만 나는 눈을 반짝이며 흔쾌히 할머니를 태우고 짐을 실었다. 수유동은 내가 어린 시절을 보낸 곳이다. 나는 손님의 목적지가 수유동 인근이면 다음 콜을 받기 전까지 동네를 배회하곤 했다. 내가 태어나서 약 12년을 살았던 곳, 고향의 흔적을 조금이나마 찾아보기 위해서다. 수유사거리, 세일극장, 빡빡산 입구, 번동제일교회, 평강유치원, 북부시장, 신진자동차학원을 하나씩 떠올리며 차를 몰았지만, 옛 모습을 알아보기가 쉽지 않았다. 걸으면서 돌아보지 않는 한 내가 살던 집을 찾기는 더 어려웠다.

나는 어릴 때 아버지에 대한 기억이 없다. 내가 막 걷기 시작할 무렵에 아버지는 '인혁당재건위 사건'이라는 죄명으로 중앙정보부에 끌려갔다. 1년간 인혁당재건위 관련자들은 고문과 조작으로 점철된 수사와 재판을 받았고, 1975년 4월 군사법원은 여덟 명의 청년에게 사형을 선고했다. 충격적인 것은 어떤 재심이나 항소 절차 없이 선고 다음 날 사형이 신속하게 집행됐다는 사실이다. 대개 사형 집행 전날 사형장을 청소하는데 재판 선고가 내려지기도 전에 사형장을 청소한 것을 보면, 군사정권이 얼마나 인혁당재건위 관련자들을 미워했는지, 아니 본보기로 삼으려 했는지 짐작할 수 있다. 스위스 제네바 국제법학자협회가 사형 집행일인 4월 9일을 "세계 사법사

상 암흑의 날"로 규정하는 등 인혁당재건위 사건은 국가 폭력의 야만적 사례로 해외에서 먼저 주목받았다. 반면 당시 박정희 정권은 이 사건을 이른바 간첩단 사건으로 발표하고 공안통치를 더욱 강화하는 수단으로 삼았다.

당시에는 '인혁당'이라는 꼬리표만 붙으면 어떤 다른 사건보다 심하게 처벌받았다. 주로 대학생들이었던 전국민주청년학생총연맹(민청학련) 사건 피해자들은 구속 뒤 재판을 거치면서 대부분 풀려나거나 짧게 형을 살았다. 그러나 민청학련 피해자라 하더라도 인혁당재건위와 관련이 조금이라도 있으면 더 심한 고초를 겪었다. 장영달 전 국회의원은 자신이 인혁당재건위 피해자들과 친분이 있다고 해서 다른 민청학련 피해자들보다 1년을 더 감옥에 있어야 했다고 말했다. 김지하 시인도 마찬가지였다. 애초에 중앙정보부와 공안 검찰은 인혁당재건위 사건을 민청학련의 배후로 설계했기에 직간접으로 관련 있는 대학생들에게는 본보기를 보여야만 했다.

중앙정보부로 끌려가기 전 아버지는 본인 역시 잡혀갈 것임을 예감했다고 한다. 역시 구속을 예감한 두 분이 있었다. 한 분은 이영호 선생, 다른 한 분은 조영건 교수다. 이 두 분이 구속을 피한 방법은 참으로 달랐다. 이영호 선생은 어느 산의 무당을 찾아갔다. 선생은 얼굴에 피와 똥을 묻히고 인두로 피부를 지지기까지 했다. 게다가 무당과 함께 소리를 치고 난동을 피우니 누가 봐도 광인이었다. 중앙정보부는 "미쳐 버린" 이영호 선생의 구속을 고려하지 않았다. 문민정부가 수립되고 이영호 선생은 최형우 내무장관의 고문 자격으로 캠프에 합류했다. 그때 이영호 선생은 아버지를 찾아와 함께하자고 설득했지만, 아버지는 거절했다. 오히려 당신들에게 손해를 끼칠 것이라며.

 이영호 선생 이야기를 조금 더 소개하고 싶다. 아버지가 수유동에 집을 짓고 정착하자 선생 역시 수유동에 터를 마련하고자 했다. 이영호 선생은 아버지로부터 7만 원을 빌려 집을 마련하는 데 보탰다. 당시 7만 원이면 꽤 큰 돈이었을 것이다. 선생은 돈을 갚지는 못했지만, 다른 방법으로 우리 가족에게 큰 은혜를 베풀었다. 어머니가 당시 '신광국민학교' 교사였는데, 사립학교는 암묵적으로 여교사의 임신을 막았다. 선생은 지인인 교육감에게 이것의 부당함을 알렸고, 교육감은 학교를 직접 방문해 학교장과 독대하면서 '여교사의 임신 금지 강요'에 대한 시시비비를 가렸다. 그 결과 사립학교 교사로 근무하면서도 어머니는 3남매를 낳았다. 이영호 선생이 아니었다면 우리 3남매는 없었을 것이니, 선생은 정말 우리 가족의 은인인 셈이다.

한편, 조영건 교수는 아버지를 비롯한 소위 인혁당재건위 사건 주요 인사들을 찾아가 자신과 교류한 사실을 말하지 말라고 부탁했다. 모진 고문 속에서도 사형수와 유형수 모두 조영건 교수의 이름을 발설하지 않았다. 교수와의 약속과 의리를 지킨 셈인데 나는 그 이유가 궁금했다. '말하지 말아 달라고 해서 말하지 않았다?' 어딘가 좀 이상하지 않은가?

"통일 노동 민주화 운동에 헌신해 온 조영건 경남대 명예교수가 지난 7월 9일 타계했다(《경향신문》, 2024.7.10)."

〈경향신문〉 정치면에서 교수의 부고를 봤다. 나는 거기에 해답이 있음을 깨달았다. 인혁당재건위 피해자들은 선생을 남겨둔 것이리라. 자신들이 사라진다고 하더라도 누군가는 살아남아서 해야 할 일을 해야 한다고 믿었으리라. 인혁당재건위 사건이 재심으로 무죄를 받을 때까지 조영건 교수는 인혁당 관계자들 및 가족들과 편지 한 통, 전화 한 번 하지 않았다. 하지만 교수는 살아남아 본인의 일을 해냈다. "그것으로 족하다"라고 아버지가 말씀하셨다.

발터 벤야민은 "표면의 이야기"와 "감추어진 숨은 이야기"라는 이항 대립 구조를 사유했다. 그는 "예술의 의미는 심층에 숨겨진 수수께끼인 알레고리(Allegory)를 통해 세계의 비의를 해석하고 인식함으로써 세계 변혁의 문을 여는 것"이라고 생각했다. '광인' 이영호와 '교수' 조영건이라는 표면의 이야기는 무엇을 숨기고 있었나? 살아남아 문민정부 아래서 하나회를 척결하고 다시는 쿠데타가 발생하지 않는 한국을 만드는 데 일조한 이영호 선생. 평생을 교수로 일하면서 노동과 통일, 민주화를 위해 자신의 역할을 다한 조영건 교수. 벤야민의 알레고리 이론을 따르자면, 이영호 선생과 조영건 교수의 삶은 그 자체로 예술이 아니었나 싶다.

할머니는 화계사 못미처 한신대학교 대학원 입구에서 내렸다. 현금으로 결제하는 할머니들은 흔히 거스름돈을 받지 않거나 미안하다면서 돈을 보탠다. 나는 5,000원을 쥐고서 삼양동 방향으로 사라지는 할머니께 고개를 숙였다. 그리곤 아버지가 약수를 뜨러 찾던 화계사 방향을 바라보다가 수유사거리 쪽으로 차를 몰아 내려왔다. 어둠 속에서 내 유년이 조금씩 눈을 뜨고 있었다.

빡빡산 할머니

 모처럼 버스를 타고 수유시장 앞까지 갔다. 주로 밤에 스쳐 지나가면서 봤던 수유동 동네를 제대로 둘러보겠다는 생각을 행동으로 옮겼다. 먼저, 내가 초등학교 4학년과 5학년을 보낸 수유초등학교를 찾아갔다. 학교 안 수영장과 미끄럼틀은 다 사라지고 없었다. 원래 학교 정문은 "83년 압사 사고 이후 폐쇄되어, 좀 더 북쪽인 현재 위치로 변경"됐다고 한다.

 원래 학교 입구에서 정문까지는 약간의 언덕길이었는데, 입구에 벽을 세워 막고 언덕은 흙을 채워 정문 높이로 쌓아 올렸다. 직각사각형의 왼쪽 아래 꼭짓점과 오른쪽 위 꼭짓점을 사선으로 그었을 때 왼쪽 위는 벽돌, 오른쪽 아래는 화강암인 건축물 구조였다. 오래된 구조물을 활용해서 새로운 건축물을 만든 것이니 온고지신이라고 해야 할까? 경비 아저씨로부터 압사 사건을 전해 듣자 내가 언덕을 굴렀던 사건이 떠올랐다.

어느 날이었나, 우리는 정문으로 오르는 언덕길에서 패싸움을 벌였다. 초등학생들이니 싸워도 크게 다치지는 않았다. 패싸움은 닭싸움과 눈싸움에서 시작됐는데, 점점 양측이 흥분하기 시작하더니 주먹질까지 벌어졌다. 위인전을 많이 읽어서 그랬는지 당시 나는 이상하게 '자기희생'의 상황에 많이 끌렸다. 닭싸움할 때면 상대편 최강자가 중심을 잃도록 그에게 몸을 부닥치면서 넘어졌다. 그러면 다른 친구가 그를 쉽게 쓰러뜨릴 수 있었다. 상대편 최강자가 사라지면 전체 싸움에서 우리가 이기기 쉬웠다.

눈싸움할 때는 일부러 미끄럼틀에 올라가 상대편이 내게 눈을 던지도록 유도했다. 상대가 내게 신경 쓰는 틈을 이용해 우리 편 친구들은 상대의 얼굴에 제대로 눈을 먹이곤 했다. 내게 날아오는 눈들을 두들겨 맞아야 하는 극약 처방, 일종의 미끼 전술을 쓴 셈이었는데, 나는 여름날 소나기를 생각하면서 눈을 맞았다. 그 와중에 상대편 누군가가 눈 속에 돌멩이를 넣어 뭉쳐 던졌고, 그 돌멩이 눈이 내 이마에 적중하면서 이마가 터져 피가 흘렀다. 피를 본 아이들의 눈초리가 번들거리기 시작했다. 나는 피가 흐르는 이마를 누르고 정문을 향해 걸었다.

그때 아이들이 내 주위로 몰렸고, 정문을 지나 내리막에 이르러 드디어 패싸움으로 바뀌었다. 내 친구 김영재가 분을 참지 못하고 상대편 대장 격의 가슴을 밀쳤고, 원래는 사과하려 했던 그 역시 욱하는 심정에 주먹을 휘둘렀다. 그러자 양쪽이 달려들어 서로 주먹질을 해댔다. 나는 언덕에서 넘어져 굴렀다. 내 이마에서 흐른 핏방울들이 하얀 눈 위로 붉게 번졌다. 나는 대자로 뻗어서 행복한 마음으로 웃었다. 친구들아, 너희는 나를 사랑하는구나!

겨울 하늘이 푸르고 아름다운지 그때 알았다. 그것은 푸른 빛을 띠는 인수봉을 닮았다. 나는 지금도 흰색과 붉은색이 어우러진 색 조합을 좋아한다. 아마 그때의 흰 눈 위로 번지던 선혈의 적백(赤白) 대조를 잊지 못해서일 것이다. 나는 흑백청(黑白靑)으로 흐르는 겨울 산을 사랑한다. 그때 바라봤던 하늘과 인수봉 덕분일 것이다.

수유시장을 따라 내려와 건널목을 건너 신일고등학교 옆길을 걸었다. 성신여대 캠퍼스가 조성된 길을 지났을 때 세일어린이공원을 발견했다. 이곳이 과거 놀이터였는지 확인하고 싶었다. 마침, 놀이터 의자에 할머니들이 계셔서 이 공원이 놀이터였는지 물었다. 맞았다. 40~50년 전에 놀이터였다고 한다. 맨땅 놀이터에 있던 큰 그네는 사라졌고, 놀이터 동쪽 40% 정도의 면적에 운동 기구가 들어섰다. 세상이 그렇듯 놀이터 역시 더욱 안전하고 세련되게 바뀌었다.

세일어린이공원을 지나 빡빡산 방향으로 걸었다. 놀라운 진실! 빡빡산은 없었다. 어릴 적 내게 꽤 높은 산이었던 빡빡산은 그냥 오패산 동쪽의 민둥 언덕일 뿐이었다. 할머니들도 풀 한 포기 나지 않던 '빡빡산'을 기억해 주긴 했다. 세일극장 뒷편에서 놀이터를 지나 빡빡산으로 오르는 길은 아스팔트로 포장됐고, 소위 빡빡산은 빌라촌으로 바뀌었다.

빡빡산 정상(?)에서 북한산을 돌아보면 인수봉이 힘차게 서 있었다. 나는 인수봉이 좋아서 등하교할 때 빡빡산 정상에 이르면 인수봉을 한참이나 쳐다보다가 집으로 가곤 했다. 지금은 나무에 가리고 건물에 가려서 빡빡산에서는 인수봉을 조망할 수 없다. 인수봉을 조망할 수 있는 곳을 찾기 위해 오패산 쪽으로 오르다가 공부하고 계신 할머니를 봤다. 방통대에 최근 입학했다고, 8년 정도 됐는데 이곳은 "내 삶의 선물"이라 말씀하셨다. 할머니는 인수봉을 조망할 수 있는 곳을 자세히 설명했다. 오패산 너머 북서울꿈의숲 쪽에서 인수봉을 조망할 수 있는 곳이 있다고 하니 북서울꿈의숲을 언제 다시 찾아봐야겠다.

"내 삶의 선물"이었던 곳을 떠나온 지 40년이 됐다. 소년은 중년이 돼서 수유동을 찾았다. 아직도 미숙한 나는 어린 시절의 고향을 그리워한다. 이제는 찾아볼 수 없는 곳, 누군가의 사랑을 갈망했던 소년은 사랑을 지었고, 그것을 아이들과 나누고 있다.

   자신을 먼저 사랑할 수 있어야 타인을 사랑할 수 있다고 한다. 나는 자신을 사랑하는 법을 잘 배우지 못했다. 어머니를 기쁘게 하고 싶어서 책을 열심히 읽었고, 읽은 책에서 배운 지식을 이야기함으로써 주변의 주목을 받았다. 지금 나는 내 '관종'의 뿌리가 유아기와 소년기를 거치며 형성됐다고 생각한다. 내가 행한 자기희생은 나를 충분히 사랑해서 나온 것이 아니라, 나를 미워해서 나온 것이었다. 내가 사랑을 좀 할 줄 아는 어른으로 성장한 것인지 아직도 잘 모르겠다. 다만 내 아이들이 사랑을 충분히 받아 자기희생이라는 감정을 모르고 자란 것 같아서 좋다. 그렇게 딸들은 나보다 더 진보했다.

큰아버지

 화계사에서 수유동을 지나 번동으로 흐르던 개천은 복개돼 사라졌다. 복개되기 전, 집 앞 개천에는 항상 악취가 진동했다. 마을 이름의 어원이 맑은 물 흐르는 '수유(水踰)'라는 말을 듣고 어이가 없었다. 그 똥물이 맑은 물이었다는 사실을 도저히 상상할 수 없었기 때문이다. 장마가 지면 개천에는 온갖 것들이 떠내려왔는데, 어느 해인가 시체가 흘러가는 것을 보고 기겁하기도 했다.

 돌아가신 큰아버지는 수유사거리 가까운 곳, 즉 복개가 먼저 이뤄진 대로변에서 살았다. 물론 대로변이라고 느꼈던 곳을 찾아가 보니 좁은 왕복 2차선 도로였다. 큰아버지 댁은 북부경찰서로 가는 방향에 있는 이층집이었다. 그곳은 술집으로 바뀌었는데 50년 전에 지었는데도 여전히 세련돼 보였다. 다만 지금은 지붕이 파란색으로 색깔을 바꿔 입었다. 돌아가신 큰아버지가 이 집에서 걸어서 북부경찰서로 출퇴근했다. 엄혹한 시절이었는데도 대가족을 잘 꾸리셨다.

"명문가를 재건해야 한다."

한때 경주 이씨 평이공파 집안은 "정읍에서 경주 이씨 땅을 밟지 않고서는 지나다닐 수 없다"라는 말이 있을 정도로 번성했다. 큰아버지는 명절이면 큰절을 받으며 그런 말씀을 하셨다. 명문가의 정의가 무엇인지 모르겠지만 평이공파의 현재, 즉 몰락을 반증하는 말이었다. 증조부가 고종 치하에서 종3품 당상관을 지냈는데 고조부에 이르러 가세가 크게 기울었다. 고조부가 마약과 도박에 손을 댔고, 그 넓은 땅이 가문에서 사라졌다. 조부는 황해도에 다시 자리 잡았지만, 한글을 가르치다가 일경으로부터 고초를 당했다. 그리고 마지막 쐐기를 박듯, 아버지가 인혁당재건위 사건에 연루되면서 가세는 걷잡을 수 없이 주저앉았.

어떤 이유에서인지 우리 가족에게는 연좌제가 무지막지하게 적용되지 않았던 것 같다. 북부경찰서 형사인 큰아버지와 초등학교 교사인 어머니가 생업을 유지할 수는 있었으니 말이다. 나중에 알고 보니 어머니가 민주화실천가족운동협의회 활동을 하지 않겠다는 약속을 해서 눈감아 준 것이라 했다.

다만, 그 자식들에게 직업 선택의 자유가 보장되지는 않았다. 한때 공학도를 꿈꾼 내가 문과로 전과한 이유, 사관학교 지원이나 대학 시절 학군단 지원을 하지 못한 이유 역시 연좌제 때문이었다. 그래서 나는 아버지의 속을 많이도 긁었다. 심지어 아버지가 나 때문에 괴로워하는 것을 보면서 보상받는 기분마저 느꼈으니, 고3 시절 내 마음은 어디에 마음을 붙이지 못한 채 참으로 정처 없이 떠돌았다.

윤동주를 처음 만났던 때
독립 열사도 아닌 내가
그를 닮은 것만 같아

학과 선택이나 취업이
자유롭지 못함을 알았을 때
나는 불령선인이 되어

자식 앞길 망쳤다며 아비에게
고래고래 소리를 질렀다

전교조 출범을 앞두고
고등학생 시위를 기획하던 내게

너까지 이러면 나 죽는다,

차라리 같이 죽어버리자던

어머니의 오래된 탄식은

대학 진학 후에도 연좌했기에

김남주의 외침을 두려워한 것은

눈 하나를 감고

아침저녁으로 살기 위해

눈 하나를 뜨고

나의 비겁을 벌하기 위해

아니 늙어가는 어미를 핑계로

더 이상 연좌하고 싶지 않았기 때문에•

 우리 집 마당에는 쥐가 들끓고 귀뚜라미 떼가 우글거렸다. 어느 날인가, 쥐를 박멸하기 위해 쥐들의 소굴로 여겨진 마당의 나무를 뽑았다. 천정에서 쥐가 떨어진 며칠 뒤였던 걸로 기억한다. 하나, 둘, 셋, 넷⋯. 나는 쥐를 잡으면서 입으로 숫자를

• 이송우, 〈유신의 기억12 – 연좌〉,《나는 노란 꽃들을 모릅니다》, 실천문학사, 56쪽.

셌는데, 그날 쥐를 100마리 넘게 잡았다. 삽으로 베고 자르고 밟아 죽이는 것은 내 몫이었다. 누나는 진저리를 치고 동생은 우니 어머니는 내게 삽자루를 쥐어 주었다. 아버지는 초등학교 1학년생인 내게 "네가 가장이다"라고 어느 면회 때 말씀하셨다. 아, 그 '가장'이라는 의무감 때문에 어쩔 수 없이 내가 삽을 들고 쥐를 잡았는데 나중에는 하도 찍어서 삽날이 다 상할 지경이었다. 특히 눈도 뜨지 않은 새끼 쥐들의 몸은 마치 질긴 고무풍선 같아서, 찍어 눌러도 삽날 중심으로 양쪽 몸이 부풀기만 하곤 날이 몸을 뚫고 들어가지를 않았다. 그 뒤 몇 년간 나는 마음 상태가 안 좋으면 쥐 잡는 꿈을 꾸기도 했으니, 이날의 '쥐 대학살 사건'은 어린 내게 꽤 충격이었던 모양이다. 아무튼 그날 이후 마당에서 쥐 떼는 사라졌다.

    화장실은 마당 옆에 있었는데 밤에 용변을 보는 일은 정말 곤욕이었다. 내가 어릴 때 일주일에 한 번씩만 대변을 본 이유는 화장실에 대한 혐오감 때문이었던 것 같다. 어느 날 밤은 화장실에 들어가기 싫어서 마당에서 대변을 보는데 키우던 개 '쫑'이 내 똥을 받아먹었다. 아주 부드러운 혓바닥에 나는 깜짝 놀랐는데, 쫑은 먹이를 더 주지 않는 내가 서운한지 길게 울었다. 어떤 개들은 똥과 아이 불알을 구분하지 못해 뜯어먹기도 했다고 한다. 다행히 쫑은 어둠 속에서도 이를 잘 구분했다.

《삼국지》는 여포를 신의가 없는 인간의 전형으로 그린다. 유비가 조조에게 여포를 죽일 것을 권한 이유다. 문득 나는 절세 무공을 갖춘 여포의 가장 높은 욕구가 무엇이었을지 궁금했다. 그는 사랑을 위해 자신의 모든 것을 내던진 참으로 우둔한, 철없는, 미숙한 인간이다. 내 보기에 그가 자기 딸을 업은 채 팽성 탈출을 수차례나 시도한 것으로 봐 핏줄에 대한 사랑 역시 대단했다고 본다. 초선은 그런 그를 잘 알아챘고.

소년기 수유동의 악취 풍기는 개천, 쥐 떼와 '쫑', 집 밖 화장실을 떠올리면서 명문가의 정의에 대해서 다시 고민해 봤다. 명문가란 무엇인가? 여포는 이렇게 답했을 것이다. '덧없고, 덧없도다. 오직 사랑이 있을 뿐이다.'

내 친구 형직이

 수유역에서 내려 북부시장까지 걸었다. 북부시장 인근 평강유치원을 찾아봤다. 평강교회는 아직 있지만 유치원은 사라졌다. 주말이면 가던 목욕탕은 아직 그대로였는데, 단층 건물이 다층 건물로 바뀌었다. 목욕을 마치고 돌아오면 어머니가 타 주던 달디단 설탕물을 생각하니 군침이 돌았다. 땀 흘린 뒤라 물만 먹어도 괜찮았을 텐데 어머니는 꼭 설탕물을 타 줬다. 설탕물은 목욕탕 가기 싫어하는 내게 큰 동기 부여가 됐다.
 지형직. '수유국민학교' 4학년 때 친구다. 형직이 아버지는 대학 아이스하키부 선수였고, 어머니는 미용실이었나 무슨 가게를 했는데 정확히 기억나지 않는다. 형직이 어머니는 나와 형직이를 '붙여' 주려고 많이 애썼다. 덕분에 우리는 매일 만나 숙제도 함께하고 책도 읽고 자전거를 타며 놀았다. 형직이는 내가 즐겨하는 '인형 놀이' 구경하는 것을 좋아했다. 언제부터인가 나는 형직이와 함께 목욕탕에 다녔다. 형직이 아버지는 합숙이나 경기로 바빴고 우리 아버지는 감옥에 있었으니, 부모의 보호 없는 우리가 얼마나 깨끗이 때를 밀었을까. 형직이 어머니가 좀 더 깨끗이 목욕하라고 말씀하셨던 기억이 난다.

옛 개천, 즉 복개도로를 건너 빡빡산에서 오패산으로 접어들어 번동제일교회를 더듬어 찾아갔다. 초등학교 방학 때면 아이들이 교회 성경학교에 많이 모여들었다. 나는 연극, 노래, 공연 등을 하는 성경학교가 재밌었지만, 모태 가톨릭 신자여서 더는 갈 수 없었다. 번동제일교회는 40년 전에 비해 더욱 크고 웅장해졌다. 나는 교회 근처를 오가면서 당시 약수터를 찾았다. 마침, 어떤 빌라에서 나오는 노인 두 분이 옛 약수터 자리를 알려줬다. 그 어느 날 약수터에서 물을 받으려고 한참을 줄 서 기다리던 어린 나도 찾아보았고.

약수터 근처에서는 개를 잡고는 했다. 형직이와 나는 가끔 개 도살 장면을 함께 지켜봤다. 개 도살은 동네에서 의뢰한 일이었다. 팔 없는 내의만 입은 어떤 아저씨가 도살자였다. 팔 없는 내의라고 기억하는 것으로 봐서 개 도살은 주로 복날쯤 한여름에 집중됐던 것 같다. 나는 그 아저씨가 몽둥이로 동네 개를 때려죽이는 모습에 너무 놀랐다. 입이 마르고 몸이 얼어붙었는데, 몽둥이는 지금도 내게 폭력의 원형으로 남아 있다. 어쩌면 그래서 대학 시절 백골단의 몽둥이에 더 격렬하게(?) 저항했던 것 같다.

몇 번을 오가다가, 살던 집을 찾았다. 대문과 지붕을 보고 우리 집인 줄 알았다. 형직이와 나는 저 대문과 지붕을 파쿠르 선수처럼 뛰어다녔다. 한번은 형직이가 대문 위에서 지붕 쪽으로 뛰어오르다가 미끄러져 매달렸다. 그는 지붕 끝에 매달린 채 울음을 터뜨렸고, 나는 대문 위에서 형직이를 밀어 올렸다. 한동안 생명의 은인이라며 생색내던 나와 형직이 모습이 보였다.

신기하게도 근처 다른 집들은 모두 헐려 빌라로 바뀌었다. 우리가 살던 집과 옆집만 남았고, 그 옆집은 음식점으로 운영되고 있었다. 슬쩍 대문 사이로 마당을 들여다보았는데, 어린 내가 그처럼 '드넓게' 느꼈던 마당은 정말 좁았다. 빡빡산의 높이보다 더 충격이었다. 저 좁은 곳에 쥐가 들끓었다니 믿기지 않았다.

집에서 다리 건너 북부시장으로 가면 오른쪽 연탄 가게 왼쪽으로 닭집이 있었다. 형직이와 나는 목욕탕에 갈 때면 닭의 도살 장면도 함께 지켜봤다. 형직이는 보기 싫어했지만, 내가 움직이지 않으니 보지 않을 도리가 없었다. 닭집 아주머니는 칼로 닭의 배를 찔러 세로로 갈라 내린 뒤 뜨거운 물이 끓는 솥으로 닭을 던져 넣었다. 닭장에 가득 갇혀 있던 닭들과 솥에서 퍼덕거리며 날아오르던 닭들. 개 도살과 함께 닭 도살은 어린 내게 일종의 공포 영화 감상 같았다. 무서워 떨면서도 왜 그렇게 붙박여서 지켜봤는지…. 북부시장 초입은 모두 아파트로 바뀌었다.

우리 반에 공부 잘하고 카리스마 강한 A라는 친구가 있었다. 어릴 때 소아마비를 앓아 다리 한쪽이 완전하지 않았는데도 운동을 잘했다. 그는 이문열 소설 속 '엄석대'와 상당히 비슷했다. 자신감이 넘쳐서인지 동급생들을 함부로 때렸다. 나한테는 잘해 줬는데, 나 역시 언젠가 그에게 한 번 배를 맞고 난 뒤 '그냥 두면 안 되겠다'라고 생각했다.

부반장이 그에게 맞아 코피가 터진 어느 날, 나는 '거사'를 결심했다. 약 6개월에 걸쳐서 15~20명 정도 뜻 맞는 아이들을 모았다. 육상부, 야구부 포함 주먹 좀 쓰는 아이들도 끌어들였다. 그 친구들은 단독으로는 A에게 감히 대들 생각을 못 했지만, 반장인 내가 선동하니 순순히 가담했다. 거사 일은 종업식 날, 종업식 마친 뒤로 정했다.

형직이는 끝까지 나를 말렸다. 그러나 종업식 날 가담자들과 하나씩 약속을 확인해 나가는 나를 본 뒤 선생님께 내 계획을 폭로했다. 선생님은 깜짝 놀랐지만, 우리를 혼내고는 반성문 쓰는 것으로 사건을 마무리했다.

형직이가 살던 골목을 돌아봤다. 그를 다시 만날 수 있을까. 6학년 때 장한평, 이어 중1 때 송파로 이사 오며 다시 형직이를 볼 수 없었다. 그와 마지막 인사를 어떻게 했는지도 잘 기억나지 않는다. 이사하는 날에 그가 자전거를 타고 왔던 것만 희미하게 떠오를 뿐이다. 어떤 상실감은 그 순간에 알아채지 못한다. 우리가 함께 두려워했던 개와 닭 도살. 그가 두려워했던 나의 '거사' 성공. 그는 거사 성공이 가져올 결과, 즉 내가 당할 고통을 두려워했다.

우리는 죽음과 삶의 폭력 한가운데를 함께 경험했다. 아버지가 감옥에 간 소년과 아버지가 전지훈련으로 집에 없는 소년. 딱히 어디 기댈 곳 없는 소년들은 서로에게 의지가 됐다. 자기 내면의 어둠을 직시하기 싫은 소년은 허세를 부렸고, 마음이 여린 소년은 그 허세에 절은 소년에게 의지했다. 엄밀히 말하면 그들은 서로의 약점과 운명에 단단하게 뿌리 내린 나무, 즉 연리지가 아니었을까? 폭력에 맞서 폭력으로 대응하려던 내 허세를 잡아 준 친구 형직이. 어떻게 지내니, 형직아? 나 살고 있다!

철인 28호

돈암동에 아카데미과학사가 있었다. 본사는 삼선교에 있었다. 그러나 내 기억에는 돈암동 아카데미과학사만 뚜렷하다. 내가 '재동국민학교' 3학년 때 2학년인 여자아이를 데리고 집에 갈 때가 종종 있었다. 나는 수유동, 그녀는 돈암동에서 내렸다. 너무도 귀여운 그녀는 어머니의 '재동국민학교' 동료 교사 딸이었는데, 나는 그녀가 버스 정류장에서 돈암시장으로 사라질 때까지 그녀를 눈으로 좇곤 했다. 그렇게 그녀를 눈으로 좇다가 눈에 띈 것이 아카데미과학사 간판이었다. 아마도 아카데미과학사 이름을 건 조립식 장난감 가게였을 것이다. 지도를 확인해 보니 가게가 있던 높은 건물은 지금 '유타워'란 곳인 것 같다. 재건축됐는지 모르겠지만, 그때도 그 건물은 미아리고개로 오르는 고가 앞에서 꽤 높은 건물이었다.

어릴 때 좋아한 아카데미과학사 조립식 장난감 시리즈물.

얼마나 많은 인형들을 조립했는지 모른다. 그 인형들을 손에 쥐고 또 얼마나 많은 단막극(?)을 꾸몄는지 모른다. 인형극은 관객 없이 나 혼자 한 적이 대부분이었지만, 친구 형직이와 동생들에게 보여 줄 때도 있었다. 그들은 내가 손에 쥔 인형들의 슬픈 운명에 울고 웃었다. 마지막 아파치와 추장의 죽음, 그를 죽여야만 하는 기병대원, 살인을 자행한 무법자 친구를 교수대에 올려야 하는 보안관. 나도 그들도 모두 그런 비극에 넋이 나갔던 것 같다. 그 인형극의 서사는 어디에서 왔을까?

4학년 때 집 앞 '수유국민학교'로 전학 오기 전에 나는 1학년부터 3학년까지 '재동국민학교'를 다녔다. 3학년 때는 혼자 집에 가기도 했지만, 1~2학년 때는 수업이 끝나면 어머니와 교실에 남아 혼자 책을 읽다가, 퇴근하는 어머니와 함께 귀가했다. 어머니의 교무회의가 끝나고 돌아오기 전까지 매일 읽다 보면, 한 학기가 끝날 즈음에 학급문고 모두를 끝낼 수 있었다. 그리고 다음 학기가 시작되면 새로운 책들을 또 읽을 수 있었고. 아마 내가 읽은 책들의 서사가 내 인형 단막극의 몸통을 이뤘던 것 같다.

어느 날 나는 어머니 교실에 앉아 책을 읽다가 점점 열이 올랐다. 어머니가 이마를 짚더니 교무회의 마치고 금방 오겠다며 교무실로 갔다. 열이 너무 심해져서 세상이 까맣게 바뀌었다. 혼자 앓고 싶었다. 누군가 앓고 있는 나를 볼까 싶어 간신히 몸을 일으켰다. 교실 문 앞을 번호 회전식 자물쇠로 잠그고 뒷문으로 들어와 안에서 문을 잠갔다. 나는 교실 제일 뒤 책상 밑으로 들어가 무릎을 감싸고 앉았다. 세상이 나를 깊고 깊은 어둠으로 끌고 들어갔다. 어머니의 자궁 속인 듯 나는 동그란 원이 됐다. 얼마나 시간이 지났을까? 어머니가 돌아와 잠긴 문을 두드렸다. 나는 어머니 품에 안겨 이제 갓 태어난 아기처럼 울었다. 나의 인형극은 그렇게 탄생했다.

포르쉐 카이엔, 헤라클레스, 철인 28호 등 나는 아카데미과학사에서 나온 조립식 장난감을 조립해 전축 위에 늘어놓았다. 어머니는 내가 한번 조립에 몰두하면 밥도 안 먹는다는 사실을 알기에 밥때가 돼도 별말씀이 없으셨다. 그런데 진실은 따로 있었다. 내 집중하는 모습을 어머니가 좋아했기에 나는 더 집중하고 매달렸다. 편벽하고 강퍅한 내 성품, 지독한 집중력과 함께 동시에 여러 가지 일을 처리하는 성질은 그렇게 길러졌으리라.

간첩 누명을 썼다던가 남편 옥바라지하는 여인네가 삼 남매를 키운다는 수유동 북부시장 앞, 잿빛 개천에는 악취가 코를 찔렀다 얼어붙은 개천 위에서 아이들이 팽이를 치고 돌아오면 빨래 방망이질을 해도 검은 얼룩은 잘 지워지지 않았다 월급날에 쌀집 채소가게 해조류 좌판 생선가게 연탄 가게를 돌며 외상값을 갚고 나면 교사 월급봉투는 금세 바닥이 났다 이 악물고 어렵게 부은 곗돈을 가져간 북부서 형사 계장은 좀처럼 나타나지도 않고 만날 수도 없었다 톡 건드려도 넘어질 듯한 국민학생 아들 내미가 삽날로 골목을 막고 동네 형들 머리통을 깨고 돌아온 날, 아무리 이유를 캐물어도 굵은 눈물만 흘리는데 다 함께 죽어버리자고 악을 쓰니, 나는 살고 싶다고 말하는 새끼가 가여워, 여인은 그 겨울 연탄 백 장을 더 들였다 연탄불로 아랫목 펄펄 끓이고 꼼지락대는 아이들 꼭 안을 때, 뒷산에서 우짖던 짐승 소리마저 끊긴 겨울 수유동 14번지, 강원도 감자처럼 뚝심으로 버티던 여인네 눈에서 맑은 이슬들 반짝였다˙

알고 보니 아카데미과학사의 조립식 장난감 시리즈물은 일본 반다이사의 모방 제품이었다. 하긴 한국의 1970~1980년대에 모방 아닌 것이 드물었다. 비단, 제품뿐 아니라 한국의 문화 콘텐츠 역시 해외 특히 일본의 제품들을 모방한 것이었다. 괴수 대사전, 텔레비전 만화나 만화 잡지 역시 일본 것들

˙ 이송우, 〈수유동 14번지〉,《나는 노란 꽃들을 모릅니다》, 실천문학사, 67쪽.

을 모방하기에 바빴다. 그렇게 알게 모르게 나는 일본 문화를 접하고 있었는데, 청년기에 들어서면서 〈아키라〉와 〈공각기동대〉 같은 일본 애니메이션의 디스토피아적 세계관에 끌렸다. 그것들은 핵폭탄을 두 번이나 맞고 패망한 일본의 너덜거림 속에서 피어난 꽃이다.

나는 소년기에서 청소년기에 여기저기를 이사하고 전학 다녔다. 그래서 만나면 헤어져야 하는 관계와 홀로 보내는 시간에 익숙했다. 누군가와 깊이 교류하지 못하는 환경은 내게 심적 단절과 유폐를 강제했다. 내가 청소년기의 중요한 심리 과제인 '사회화'를 제대로 배우고 익히지 못한 데는 이런 연유가 있다. 무상함과 덧없음의 세계관에 내가 더 끌린 것 역시 마찬가지 이유였다고 생각한다.

직장 생활하고 나서야 나는 사회화 훈련을 받았던 것 같다. 누군가와 합을 맞추지 않으면 성과를 낼 수 없는 협업의 구조가 내 눈과 귀를 열었다. 나의 고집스러움과 편벽함을 견뎌 준 선후배 동료들이 고맙다. 그들을 만나면 꼭 전해야 하겠지. 홀로 책을 읽고, 홀로 앓고, 홀로 인형극을 하던 그 '소년'이 당신들에게 참 감사하고 있다고.

열음문학동인회

 '1987년, 동북학생기자모임 열음문학동인회 신입회원 대모집!'

 선생님들은 문예신문반이라고 불렀는데, 교내 곳곳에 붙은 동아리 모집 공고에는 이렇듯 아주 거창한 이름이 나붙었다. 어떤 선생님들, 특히 교련이나 학생부 선생님들이 문예신문반원들을 '기자단인가, 동인회인가 뭔가 하는 녀석들'이라며 매우 마땅치 않게 여겼는데, 그것은 오히려 반항기 넘치는 고교 신입생의 가입을 유도했다. 하지만 무엇보다 허풍선이 남작을 뺨치고도 남을 내 허세로 볼 때 '동북학생기자모임 열음문학동인회라'는 과한 명칭이 무척 마음에 들었다.

 3월인가 4월의 신입회원 환영 모임에서 나는 대학생 선배들을 만났다. 불과 며칠 전 감옥에서 나왔다는 몇몇 선배들은 〈내 나라 내 겨레〉나 〈타는 목마름으로〉를 불렀다. 가슴이 찌

르르 울렸다. 내가 고등학교 다닐 때도 집에 형사가 아버지를 찾아왔고, 이웃들에게 '옆집 간첩을 조심하고, 수상한 조짐이 있으면 신고하라'라고 채근했다. 옆집 아저씨가 갑자기 밤중에 초인종을 누르고는 "혹시 김일성 만나고 온 거 아니요?"라고 묻던 시절, 부당하다고 느꼈지만 뭔가 항의할 수 없는 그 무엇의 정체에 두렵고 화났다. 바로 그때 열음문학동인회는 내게 정서적 해방구가 됐다.

대학 선배들은 고교 후배들에게 김수영과 신동엽의 책을 읽혔다. 김수영 유고 시집《거대한 뿌리》는 지극히 평범한 '뿌리들'의 힘을, 그 숱한 뿌리들이 사회를 지탱해 왔음을, 그리고 아버지와 나 역시 한 뿌리로 얽혀 있음을 일깨웠다. 나는 급속도로 소위 '의식화'됐다. 1987년 여름 동북고등학교 선생님들 일부가 평교사협의회(평교협)를 결성했고, 2학년 선배였던 열음문학동인회장은 서울지역고등학생연합(서고련)이라는 비밀 조직의 부회장으로 선출됐다. 선배들과 시집 읽고 합평하고, 평교협 소속 선생님들과 교육 현실에 대해 토의하면서 나는 대담해지기 시작했다. 1988년, 2학년이 된 나는《거대한 뿌리》를 샀다. 내게는 나만의 김수영 시집이, 내 나름의 투쟁이 필요하다고 다짐하면서 말이다.

1988년 고등학교 2학년 학기 시작 뒤 첫 대의원회의에서 나는 학생회장 선거를 직선제로 진행할 것을 제청했다. 학생부 선생님들은 당황했지만, 동북고등학교 대의원회는 전국에서 두 번째로 학생회장 선거를 직선제로 시행할 것을 의결했다. 직선제 투표에 앞서 동북고등학교 동아리연합회와 서고련 회의에서 학생회장 후보자를 물색했다. 나는 예비 후보자로 나섰지만 낙선했고, 선출된 학생회장 후보 당선을 위해 유세했다. 중학교 1학년 때 반공 웅변대회 금상에 빛나는(?) 나는 1학년과 2학년 이과 반들을 돌아다니며 인간화 교육 시행을 위한 학생회 구성과 후보자 당선을 역설했다. 결과는 우리가 지지한 후보의 당선이었다.

내게는 제어계측학과에 진학해 인간을 닮은 로봇을 만드는 꿈이 있었다. 그러나 열음문학동인으로서 폭풍의 해방구를 겪는 동안 나는 연좌의 '그물'이 여전함을 알게 됐다. 제어계측학을 전공한다고 해도 국립 연구소나 민간 연구소에 들어갈 수 없다는 현실을 만난 것이다. 간첩, 빨갱이 자식인 내가 꿀 수 있는 꿈은 제한적이었다. 오르지 못할 나무를 올려다본 죄. 이 보이지 않는 불문율을 알게 된 나는 날개를 꺾었고, 분노와 울분에 차서 아버지께 대들었다. 왜 어머니를 고생시키고, 자식들 앞을 가로막느냐고. 아버지는 아무 말씀이 없으셨다. 며칠간 아무것도 드시지 않았다.

고3 올라가면서 나는 이과에서 문과로 전과했다. 1989년 봄, 전국교직원노동조합(전교조)이 결성됐다. 2명의 담임 선생님들(한 분은 원래 담임이셨던 전교조 소속 선생님, 다른 한 분은 학교 당국이 새롭게 임명한 담임 선생님)이 교단에 선 모습이 〈한겨레〉에 실리기도 했다. 몇 번의 전교조 지지 교내 시위가 있었지만, 우리는 '서고련 거리 시위' 같은 더 크고 강한 시위가 필요하다고 생각했다. 그런데 어머니가 이 연합 시위 시도 움직임을 알게 됐다. 동생은 보성고등학교 1학년생이자 대의원이었는데, 마침 보성고 어머니회 회원이 동북고 고3 어머니회에도 관여하고 있었다. 우리 어머니는 그 보성고 어머니회를 통해서 동북고 학내 소요(?) 사태를 들었던 것 같다.

"너까지 이러면 나 죽는다."

어머니의 비밀 병기가 불을 뿜었다. 어린 내 손을 꼭 잡고 전주교도소로, 대구교도소로 아버지를 면회 다녔던 어머니, 사랑하는 어머니가 아주 오래 묵은 '선언'을 다시 꺼내 들었다. 그것은 김수영과 신동엽에 눈 뜨고, 학생회 직선제 시행과 '자주적' 〈동북학보〉 발간에 매진했으며, 전교조 출범에 열광했던 내 고교 시절이 끝났음을 의미했다. 나는 아버지가 운영하는 독서실로 후퇴했다. 전교조 결성에 적극 참여했던 동북고 선생님들을 볼 낯이 없었다. 학생회장과 대의원 의장이 그

짐을 모두 짊어지는 것 역시 방관했다. 어머니는 이 선언을 내가 대학생이 된 뒤에도 몇 번 사용했고, 그때마다 나는 그 선을 결코 넘지 못했다.

대학생 때 학군단에 가고 싶다는 꿈을 꾼 적이 있었다. 학군단 건물 앞까지 몇 번 갔고, 대운동장에서 훈련하는 학군장교 후보자들을 먼발치서 구경했다. 육군 장교가 되고 싶은 생각과 해도 안될 것이라는 생각이 팽팽히 맞섰다. 나는 학군단에 지원하지 못했다. 날개 꺾인 내가 꿈속에서 속삭였다. '안되는 거 알잖아. 이과에서 문과로 전과했던 이유 벌써 잊었어?' 연좌의 단단한 그물이 영혼까지 조였다. 평생 묶여 살던 개는 풀어 줘도 풀려나지 못하듯, 나는 동아리 방이 아니라 화장실에서 담배를 피웠다. 숨어서 담배 피우던 고등학교 시절 습관이 나를 그렇게 만들었다.

요즘 폴리텍대학에서 전기이론-자동제어 논리를 배우고 있다. 며칠 전 아침, 기숙사에서 소방시스템학과 건물로 가기 전에 운동장에서 한라산 방향 사진을 찍었다. 식사하면서 입학 동기인 어떤 형님이 농담처럼 말했다.

"교정에 간첩이 있나 봐. 누가 아침에 등산복 차림으로 사진을 찍고 있어."

그러면서 그가 보여 준 사진 속에 내 뒷모습이 담겨 있었다.

나는 말했다.

"형님, 저 그런 농담 싫어합니다. 아버지께서 간첩조작단 사건으로, 저는 연좌제로 고생했어요."

형님은 바로 사과했다. 순간, 그 형님의 얼굴에서 제어계측학과 진학을 꿈꾸던 고등학생이 보였다. 고개를 끄덕이는 그의 얼굴에 미소가 내리고 있었다. 아, '그'가 전기이론-자동제어를 공부할 수 있을 때까지 36년이 흘렀다.

아버지와 어머니

 2023년 6월 인혁당재건위 피해자 대상 부동산 경매 소송이 절반의 성공으로 완전히 끝났다. 그간 부모님이 겪은 심적 고통을 무엇으로 보상할 수 있을까? 인혁당재건위 사건이 터지기 전, 아버지는 도쿄대학교 철학과 박사 과정 입학시험에 합격했었다. 더 시간이 가기 전에 부모님께 도쿄대학교를 보여 드리고 싶었다. 도쿄대학교 철학과 건물 앞에서 사진을 남기자고 말씀드렸다. 부모님은 기뻐하셨고, 그렇게 부모님과 나, 첫째 딸이 2023년 7월 도쿄대학교를 방문했다.

 아버지는 칸트 전공자다. 칸트는 신의 존재와 물자체에 대한 유물론과 유심론의 오랜 투쟁을 "빗겨 나가게"(?) 하는 역할을 했다고 한다. 아버지는 물자체의 개념은 복잡하지만, 이 개념은 현상과 본질 그리고 이 둘 모두를 아우르는 일종의 섭리 같은 것으로 이해하면 된다고 말씀하셨다. 유심론자에게 이것은 일종의 신의 존재에 가 닿지만, 유물론자에게는 진화라는 위대한 프로세스가 아닌 허튼소리로 여겨질 수 있다. 이때 칸트는 도덕과 질서의 요청으로서 신의 존재를 제안한다. '신이 없다고? 일단 있다고 치자.' 이런 태도와 비슷한 셈이다.

1968년은 아버지가 도쿄대학교 박사 과정에 입학 허가를 받은 해다. 이때 도쿄대학교에서는 적군파가 학생회관 건물을 점거하고 군경과 투석전을 전개하는 등 격렬한 폭력 투쟁을 벌이고 있었다. 당시 아버지의 지도교수가 될 뻔했던 도쿄대학교 철학과 교수는 '지금 당장 수업을 진행하기가 어려운 상황'임을 아버지께 전했다고 한다. 어쩔 수 없이 유학을 연기한 아버지는 혁신계와 어울리며 학술 모임을 하다가 인혁당 재건위라는 조작 사건에 휘말렸다.

"만일 그때 남편이 동경 유학을 갔으면 다시는 그를 만날 수 없었을 것이오."

일제강점기에 제국대학이 세 곳 있었다. 동경제국대학(현 도쿄대학교), 경성제국대학(현 서울대학교), 대북제국대학(현 국립타이완대학교). 아버지는 도쿄대학교 중앙도서관이 대학로 시절 서울대학교 중앙도서관과 똑같다고 했다. 도서관 앞에서 어머니는 어느 무당이 한 얘기를 꺼냈다. 그러면서 "동경대학교 박사 입학을 하지 않았기에 네가 지금 이 자리에 있을 수 있었다"라고 덧붙이셨다. 비단 나뿐이랴? 내가 없었다면 내 옆에 있는 첫째 딸 역시 존재하지 않았겠지. 불현듯 나는 우리 가족에게 물자체와 '도덕과 질서의 요청으로서 신의 존재'가 무엇인지 깨달았다. 그렇다. 적군파, 그들이 아니었다면 나도 내 딸들도 세상에 없는 사람이었다. 우리에게 적군파야말로 물자체이며 신적인 존재가 아닌가!

엄청난 깨달음을 얻고 나서 우리는 서둘러 도쿄대학교 캠퍼스 내 스타벅스로 들어가야 했다. 등에서 땀이 줄줄 흘렀고, 도대체 철학과는 어느 건물에 있는지 알 수가 없었다. 부모님이 땀을 식히는 동안 나는 다시 캠퍼스로 나와 철학과의 위치를 수소문했다.

"중앙도서관 근처에 인문관이 있다"라는 말을 도쿄대학교 학생들에게 들었다. 그런데 법문1관, 법문2관, 인문3관을 오가는 동안 철학과가 어디 있는지 확인하기가 어려웠다. 계속 법문이라고 하든지 처음부터 인문이라고 할 것이지, 왜 3관에 이르러서야 인문3관이라 하는지도 참 이상했다. 나중에 알고 보니, 초기 단과 대학이 만들어질 때 법학과와 경제학과 사이에 벌어진 파벌 다툼 탓이라고 했다. 아무튼 각 단과대 건물에 들어가서 돌아봤지만 역시 철학과가 어디에 있는지 확인하기가 어려웠다.

결국 정문까지 나와서 경비원에게 철학과 위치를 물었다. 내 영어를 이해하지 못한 경비원은 내가 한국어로 "어떻게 해야 하지?"라고 고민하니까 자신이 한국인이라며 한국어로 자초지종을 물었다. 그는 우리 사정을 듣더니 대학 본부에 전화해서 중앙도서관 바로 옆 인문3관에 철학과가 있다는 사실을 확인해 줬다.

우리는 중앙도서관 앞 테이블에 앉았다. 우리 뒤로 인문3관이 있었다. 아버지는 가져온 입학 허가증을 꺼내 들었다.

"이제야 동경대학교 철학과에 왔구나."

어머니는 눈물을 흘렸다. 아버지도 눈시울이 붉어졌다. 나는 두 분을 웃기기 위해 '장길산 두령 앞 서림이처럼' 헤헤댔다. 울다가 웃으면 신체의 변화가 생긴다는데 붉은 눈자위의 어머니는 나를 위해서인지 다시 아이처럼 웃었다.

"여기에 이창복이 왔다 간다!"

아버지 말씀을 듣고 이번에는 내 코끝이 찡해졌다. 울음이 쏟아질 것 같아서 나는 "중앙도서관 건너편 길이 가장 아름답다"라는 둥 맥락 없는 소리를 지껄였다.

도쿄대학교를 나와서 첫째 딸이 예약해 둔 '시부야 스카이'에 올랐다. 거기서 우리는 서로 껴안고 다짐했다. 이 순간을 잊지 말자고.

"여기에선 지위의 높낮이가 아무 소용 없다. 우리가 가장 높은 곳에 올랐다. 동경을 지배한 거야."

어머니의 호연지기는 도쿄의 지붕을 뚫었다. 극신강 일주 어머니의 말씀은 역시 클래스가 달랐다. 그때 우리는 분명 도쿄를 지배했다. 아버지가 여기 도쿄까지 오는 데 50여 년의 시간이 걸렸다. 부모님은 "마음속 응어리가 풀렸다"라며 "더 이상 여한이 없다"라고 말씀하셨다.

도쿄대학교 탐방을 마치고 돌아온 뒤부터 부쩍 아버지 걸음이 느려졌다. 이제는 앉았다 일어나기가 힘들어졌고, 지팡이 없이 걷기도 어려워졌다. 나는 아버지께 일본을 한 번 더 가자고 말했다. 그때까지 우리 모두 마음을 다잡고 또 살면 좋겠다. 물자체가 있다면 우리를 다시 도와 주지 않을까?

나

2023년 초에 코로나에 걸렸다. 처음엔 기분 나쁜 미열이 스멀스멀 올라왔고, 목이 따끔하면서 간질간질했다. 몸살이 나도 하루 쉬면 나아지기 때문에 대수롭지 않게 그냥 넘겼다. 그런데 이틀이 지나도록 몸살 기운에 차도가 없고 누우면 마치 누운 자리에서 땅속으로 몸이 꺼지는 것 같았다. 병원을 찾았더니 코로나였다. 의사 말로는 코로나 예방 접종을 많이 한 덕분에 증세가 심하지 않은 것이라 했다. 독감보다 증세가 훨씬 약한 코로나를 겪으면서, '코로나 예방 접종 주사를 빠지지 말고 정기적으로 맞아야겠다'라고 생각했다.

2024년 2월 초에 여섯 번째 코로나 예방 접종을 했다. 그날 나는 야간이 아니라 주간 운행을 했고, 차고지로 복귀하기 전에 가까운 병원에서 접종했다. 그동안 여러 차례의 코로나 예방 접종을 하면서 큰 부작용이 없었는데 이번에는 그렇지 않았다. 독감이나 코로나에 걸린 때보다 더 지독한 증세가 나타났다. 몸을 전혀 움직일 수가 없었다. 자다 깨다 하면서 끙끙 앓는데 밤과 낮이 구분되지 않았다. 고열에 시달리다가 정신이 들면 가끔 방문 밖에서 대화하는 소리가 들렸다. 당시 나는 가족들과 관계가 냉랭했고, 일종의 '그림자' 인간이었다.

"아빠는 아직도 자고 있어?"

"그런 것 같아."

아무도 내가 홀로 앓고 있는 방문을 열어 보지 않았다. 나는 침대에 누운 채 의식이 왔다 갔다 하는 상황을 맞았다. 화장실에 다녀왔는지도 잘 기억나지 않았다. 꼬박 48시간을 물 한 모금 마시지 못한 채 누워 있었다.

누구도 곁에 없이 홀로 앓으면서 나는 한가지 깨달음을 얻었다. 이것이 바로 죽음의 경험이라는 것을. 죽음을 누가 대신 맞아 줄 수는 없다. 죽음은 오직 홀로 뚜벅뚜벅 걸어야 할 시간, 하나로 왔기에 하나로 돌아가야 하는 생명과 의식 순환의 종결점이 아닌가. 모든 인간이 맞이해야 할 숙명, 바로 소멸을 통한 완성의 순간 말이다.

"죽음을 미리 경험할 수 있게 해 줘서 고맙다."

나는 홀로 맞는 죽음을 두려워했다. 마지막 순간에 누군가 함께 있다면 죽음이 덜 외로울 것 같았다. 코로나 예방 접종의 후유증으로 고생하면서 나는 '궁극의 외로움'을 겪었다. 나는 코로나 예방 접종이 아니라 '고독사' 예방 접종을 한 셈이었다.

48시간이 지나면서 간신히 몸을 일으킬 수 있었다. 나는 방문을 열고 나갔다. 사흘의 시간이 지나 있었다. 날짜는 수요일에서 금요일로 바뀌었고, 불금을 준비하던 딸에게 자초지종을 설명했다. 어쩔 줄 몰라 하면서 "미안하다"라고 말하는 딸에게 나는 고마움을 전했다. 지금까지 살아오면서 가지고 있던 홀로 맞는 죽음의 공포, 즉 고독사의 공포에서 드디어 벗어나게 됐다고 말이다.

'죽음'에서 돌아와 바라보니 건너편 인왕산에 눈이 내려 있었다. 가벼워진 몸을 이끌고 안산(鞍山)을 올랐다. 나는 서대문도서관 뒤쪽으로 올라서 스위스그랜드호텔 방면의 내부 순환로를 내려다봤다. 4년 전 이곳 홍제동으로 처음 왔을 때보다 우리는 얼마나 달라졌는가. 코로나 학번이었던 첫째 딸은 여러 교양 방송 프로그램에서 방송 작가를 경험했고, 2024년 졸업 뒤 미디어 테크놀로지학과로 편입했다. 중2였던 둘째 딸은 어느덧 고3이 됐고, 나는 기업 부장에서 프리랜서, 다시 프리랜서에서 택시 운전사가 됐다. 아내는 홍제동에서 성악 아카데미와 스튜디오를 열고 자기 삶의 주인으로 살아가고 있다.

꽃은 지기 때문에 꽃이다

바람이 불어 꽃은 꽃이 된다

꽃은 흩날리고 말은 흩어진다 모닥불처럼

드라마 〈쇼군〉에서 본 '와카'다. 지기 때문에 꽃이라면 열매를 맺기 위해서도, 다시 피기 위해서도 꽃일 것이다. 마치 떨어지기 위해 뜨는 태양이나 떠오르기 위해 지는 해처럼. 어떤 흐름에 맞서기도 했고 떠내려가기도 했다. 그 흐름을 타고 나는 여기까지 왔다. 지금도 나는 흘러가고 있다. 그럼 된 것 아닌가. 바람에 펄럭이는 마음은 어디에 있었을까. 처음부터, 펄럭이는 것은 없었을 수도 있다. 그것은 내 두뇌 속 혈류의 흐름이 만들어 낸 인식과 감정이었을 뿐. 그런데도 내 마음, 내 의식, 아니 머릿속 혈액의 흐름은 기억하겠지. 오늘을, 어제를, 내일을.

"나는 곰입니다."

며칠 전 부모님 댁에서 호랑이와 개와 곰에 관해 이야기를 나눴다. 짧지만 폭발적인 힘을 내는 호랑이, 먹잇감이 지쳐서 쓰러질 때까지 옆에서 계속 달리며 사냥하는 들개. 고양이과의 힘과 집중력, 개과의 인내심과 끈기. 아버지를 고양이과, 어머니를 개과에 비유하고는 그 둘을 다 가진 동물로 곰을 애기했다. 그리고 내가 두 분의 강점을 다 물려받은 곰이라고 주장했다. 두 분 모두 웃었다. 그래, 나는 미련곰탱이였다가, 흑곰이었다가, 포악한 회색곰이 되고, 다시 반달곰이 된다. 다만 이날은 귀여운 반달곰이 아니었겠나.

누구보다도 나를 믿고 사랑하는 어머니와 때로는 스승이고 때로는 동지이고 때로는 친구 같은 아버지. 부모님의 신뢰와 사랑 덕분에 나는 오늘 여기에 서 있다. 면도칼처럼 예리한 칼바람이 얼굴을 긋고 지나갔다. 겨울바람에 눈이 시려 이내 눈물이 흘렀다. 언덕에 내린 흰 수염을 펄럭이며 인왕산이 허허 웃는 것 같았다.

인혁당재건위 사건 피해 생존자들

1975년, 박정희 정부는 인혁당재건위 사건을 조작해 사형 선고 다음 날 8명을 사형시켰다. 전도유망했던 아버지의 삶은 8년간 수형 생활과 이어진 12년간 보호관찰로 무너졌다. 연좌제에 따른 직업 선택의 자유 침해, 빨갱이 가족이라는 낙인으로 가까운 친구들에게 말 한마디 못 했던 오랜 시간, 가까운 친구를 만들기 어려웠던, 아니 만들어서는 안 됐던 환경. 나 역시 그렇게 주홍 글씨를 숨기고 살았다.

1992년, 김영삼 정부가 들어섰다. 문민정부는 우리 가족에게 새로운 생활 공간을 선사했다. 정기적·부정기적으로 집을 찾아오던, 동네를 돌아다니며 "저 집은 빨갱이 집안이니 수상한 점이 있으면 신고하라"라고 채근하고 다니던 정보과 형사들의 자취가 일거에 사라졌다. 내게는 김영삼 정부야말로 민주 정부의 시작이다.

2007년, 노무현 정부는 인혁당재건위 사건 재심을 성사시켰고, 마침내 국가 폭력 피해자들은 32년 만에 무죄를 선고받았다. 간첩, 빨갱이라는 이름으로 살아온 피해자들에게 민주화운동 관련자라는 증서가 수여됐다. 이어 고등법원은 옥고를 치른 피해자들에게 국가 배상금 지급을 명했고, 정부는 배상금의 약 65%를 가지급했다. 그러나 기쁨은 오래가지 못했다.

2011년, 대법원은 배상금의 기산일을 다르게 적용함으로써 배상금 규모를 대폭 축소했다. 전원합의체가 아닌 소위원회의 결정을 통해서 불법으로 '파기자판'을 자행했다. 파기자판은 피해자들이 파기 환송심을 통해 위자료액에 대해 다툴 기회를 원천적으로 봉쇄했다는 뜻이다. 이자가 축소됐지만 원금을 높여서 최초 배상금을 유지하는 등, 어떤 방식으로도 축소된 배상 금액을 재조정할 수 없게 됐다. '줬다 빼앗는' 배상금 사태가 시작됐다.

2013년, 국가정보원(국정원)이 이른바 '부당이득금 반환 소송'을 시작하며 그 뒤 10년에 걸친 '빚 고문' 사태의 서막을 열었다. 아버지를 포함한 인혁당재건위 사건 피해 생존자들은 이에 불복해 청구이의 소송으로 맞섰지만, 결국 많은 분이 배상금을 반환했다. 아버지는 여전히 "양심에 반한다"라며 "맞서 싸우겠다"라고 말씀하셨다.

2017년, 국정원은 부동산 강제 경매 소송을 시작했다. 배상금 반환을 거부하고 따르지 않자, 살던 집을 경매 법원으로 넘겼다. 다만 박지원 국정원장 재임 기간에 부동산 강제 경매 진행이 중단됐다.

2022년, 국정원은 박지원 국정원장 재임 기간 중단됐던 부동산 강제 경매를 재개했다. 그간 누적된 지연이자 20%는 애초 배상금 반환액의 두 배를 넘기에 이르렀다.

2011년부터 10년 넘게 계속된 빚 고문 사태. 그것은 이명박·박근혜 정부가 시작하고 문재인 정부가 완성했다. 빚 고문 사태를 정의롭게 해결하겠다던 후보자 시절의 박지원 국정원장, 국가인권위원회(인권위)의 권고를 받아 오면 해결하겠다던 문재인 정부의 청와대, 배임이니 형평성을 주장하며 해결을 방해한 기획재정부, 인권위나 검찰개혁위원회의 권고를 받은 적 없으니 경매를 속개하라는 정부법무공단 등 빚 고문 사태를 방기한 공동 정범인 '촛불 정부' 구성원들의 한결같았던 변명은 하나다. 문제를 해결하려고 시도할 경우, 배임죄가 될 수 있다!

2022년 6월, 아이러니하게도 한동훈 법무장관이 법원의 화해 권고를 받아들였다. 화해 권고안은 그간 쌓인 이자를 면제하고 원금 5억 원을 갚으라는 내용이었다. "어떤 진영 논리

없이 오직 국민의 억울함을 해결하도록 하겠다"라는 한 장관의 선언과 법무부 보도자료가 모든 언론을 '도배'했다.

2022년 12월, 국가 폭력 피해자의 채무를 면제하는 채권관리법 수정안 심의가 불발됐다. 예산안을 둘러싼 여야의 극한 대립으로 국회 일정이 정지된 셈이다. 채권관리법 수정안은 2020년 10월에 발의됐지만, 1년 반이 지나는 동안 소위에서 한 번 논의된 것이 전부였다. 어떻게 해서라도 원금 상환을 막아보려는 시도가 끝내 좌절됐다.

2023년 5월, 부모님 부동산 매매 계약을 했다. 2022년 하반기부터 시작된 부동산 한파로 양평의 부모님 집 시세는 하락세였다. 이 흐름을 보면서 나는 억울함과 분노, 슬픔의 감정을 참기 어려웠다. 약자는 왜 언제나 불리한 패를 받아들여야 하는지 괴로웠다. '영끌' 대출을 일으켜서 아버지 집을 매입하는 플랜B까지 추진했다. 농협과 협의하는 등의 내 움직임을 매수자가 알아챘다. 덕분에 추가 하락을 막고 매매를 성사시킬 수 있었다.

2023년 6월, 장장 10여 년을 끈 사건, 특히나 최근 몇 년간 내 삶을 갉아먹은 인혁당재건위 피해자 대상 국가 배상금 반환 소송 법리 다툼이 완전히 끝났다. 부모님의 부동산을 매매하고, 매매금의 대부분인 약 5억 원을 소위 '부당이익금'이라는 명목으로 고등검찰청 소송과에 납부했다. 아마도 한두 달만 더 이 상황이 진행됐다면 내 정신줄 역시 완전히 끊어졌을지 모른다.

어머니는 "지나온 삶이 부정당한 것 같다"라며 슬퍼하셨다. 이곳에서 쌓은 모든 추억은 이제 이 공간과 완전히 분리돼 오직 과거의 시간으로만 남겠지.

부모님이 새로 들어가게 되는 전셋집은 작은 텃밭을 끼고 있다. 어머니가 소소한 농사를 지을 수 있게 돼 다행이었다. 임대인은 부모님이 이곳에서 살 수 있을 때까지 계속 살라고 한다. 좋은 집주인을 만나게 돼 역시 다행이었다.

"사랑한다, 내 아들아."

"아버지, 사랑합니다."

며칠 전 아버지와 나는 잘 안 하던 인사를 나눴다. 마음속에서 참을 수 없는, 넘쳐흐르는 사랑의 감정을 느꼈다. 나는 주체할 수 없는 이 사랑의 격동이 곤혹스러웠다. 아아, 우리는 사랑을 했네. 그리고 또 사랑을 하네.

면목동 할머니

 큰 눈이 내렸다. 2023~2024년 겨울 들어 가장 큰 폭설이다. 큰 도로들은 괜찮지만 작은 길은 빙판이 됐고, 경사진 길에서는 바퀴가 헛돌았다. 큰 도로라도 경사가 제법 있으면 후륜 고급 차들이 왼쪽, 오른쪽으로 속절없이 퍼졌다. 달리는 차에 눈은 옆으로 내렸다. 번호판에 하얀 타르를 두껍게 바른 듯, 내린 눈은 번호판의 숫자와 글자를 완전히 덮었다. 차량 번호판을 인식해 차단기를 개폐하는 건물에는 들어갈 수가 없었고, 경비실에서 빗자루로 번호판을 쓸어 줘야 진입이 가능했다.
 눈비가 올 때면 콜이 폭주한다. 차량 주행이 끝나자마자 미리배차콜이 울린다. 택시는 멈추자마자 근처 손님을 찾아 출발해야 한다. 화장실 갈 틈도 없다. 정월 어느 늦은 저녁, 면목동에서 콜이 울렸다. 경사진 좁은 골목길을 오르는 것이 여의

찮았지만, 다행히 누군가 빗질을 해 둔 덕분에 조심스레 목적지로 찾아갈 수 있었다.

"아이고, 한 시간을 기다렸다오!"

접이식 두 바퀴 짐수레를 주행 보조기처럼 밀면서 할머니 한 분이 걸어왔다. 할머니는 아무리 카카오 택시를 불러도 택시들이 근처에 왔다가 그냥 돌아갔다고 했다. 할머니는 승차하고 나서는 택시를 잡았다고 딸에게 전화했다. 가족 여럿이서 택시를 부른 모양인데, 그나마 간신히 이 차를 잡았다며 고마워했다.

할머니는 할아버지가 젊었을 때 택시 운전을 했다고 했다. 언제 택시를 시작했는지, 힘들지 않은지, 택시 운전 전에는 무슨 일을 했는지, 어떻게 택시를 시작하게 됐는지 등 할머니는 내게 궁금한 점이 참 많았다. 내 답변을 들으며 할머니는 반가워하기도 하고, 한숨을 쉬기도 하고, 박수를 치기도 했다. 나 역시 할머니와 이야기하면서 마음이 참 편했는데, 할머니가 꼭 우리 어머니 같다는 느낌이 들어서였던 것 같다.

'할머니, 할아버지.' 그것은 원래 우리 딸들이 내 어머니와 아버지를 부르던 이름이었다. 그러나 이제 부모님은 영락없이 할머니, 할아버지가 됐다. 어머니는 극신강(極身强) 사주, 아버지는 극신약(極身弱) 사주다. 명리학에서는 기본적으로

신강한 운명을 더 좋게 본다. 신강 사주의 주인공은 주변 환경이 아닌 자신의 힘으로 어려움을 돌파, 어떻든 결국 자신이 원하는 삶을 살기 때문이다.

극신강 사주답게 어머니는 당신께서 하고 싶은 대로 살았다. 가난 속에서 노력해 교사가 됐고, 교사 부부가 되라는 주변의 권유를 물리치고 당신이 사랑하고 존경할 수 있는 남자와 결혼했다. 결혼 뒤 짧은 행복의 시간이 지나고 나서는 인혁당재건위 사건에 연루된 남편 감옥살이 8년과 보호관찰 12년, 모두 20년 동안 가족을 부양해야만 했다. 그러면서도 어머니는 언제나 "행복하다", "감사하다"라고 말씀하신다.

한편으로 아버지는 역시 극신약 사주처럼 환경의 영향을 받으며 자신의 삶을 변화무쌍하게 살았다. 일찍 부모님을 여의고 숙부님 댁에 의탁, 한겨울 홑옷을 입은 채 자전거 배달을 한 유년기, 단독 상경해 구두닦이에 두부 공장, 라디오 수리 가게를 전전하며 주경야독한 청소년기, 하숙을 얻을 형편이 안 돼 입주 과외 선생을 하면서 보낸 대학 생활, YMCA에서 독일어를 가르치던 와중에 소개로 어머니를 만나 어머니의 구애로 결혼하고 3남매를 얻은 삼십 대, 학술 모임이 간첩단 사건으로 조작돼 겪은 감옥 생활과 출옥 뒤 보호관찰 기간, 그리고 외국어 학원을 열어 주변을 도운 중년기, '줬다 뺴앗는'

국가 배상금 사태와 이어진 10여 년의 부동산 경매 소송….

할아버지가 된 아버지는 올해 들어 하체 근육이 많이 약해져서 잘 걷지 못한다. 자리에 앉으면 자기 힘으로 일어나지 못하고 다리를 부들부들 떨면서 벽이나 주변의 의자를 짚거나 잡아야만 간신히 일어선다. 나는 아버지께 등을 벽에 기댄 채 무릎을 굽힐 때까지 앉았다 일어나는 스쿼드 자세를 권하고, 부모님 댁을 찾을 때면 아버지 손을 잡고 동네를 걷기도 한다. 젊었을 때 설악산, 지리산, 속리산을 그렇게 다니던 아버지는 "이제 다 살았다"라고 하시다가는, "어머니 호강시켜 드려야지요"라는 내 말에 너털웃음을 짓기도 한다.

둘째 아이 입시가 끝나면 가족이 다 함께 일본 여행을 가자고 부모님께 말씀드렸다. 작년 부모님을 모시고 도쿄대학교 탐방을 다녀왔을 때 "이제 여한이 없다. 더 이상 여행이 필요 없다"라고 계속 말씀하셨는데, 웬일인지 이번에는 "그럼 가볼까?"라고 하신다. 그럼요, 아버지. 우리 다 함께 가요.

"내 아들로 태어나 줘서 고맙다."

우리는 결국 고아가 될 운명이다. 나는 우리에게 주어진 시간이 얼마인지 가늠할 수 없다. 그 소중한 시간을 아끼고 부모님과 나누고 싶다.

면목동에서 정릉까지 무려 2시간이 걸린 그 밤에 면목동 할머니는 내리면서 내 손에 5,000원짜리 지폐를 한 장 더 꼭 쥐여 줬다. 할머니 고맙습니다. 아니, 어머니 고맙습니다. 어머니 아들로 태어나서 행복합니다.

    새벽녘 비틀거리는 작은 별
    눈감아도 하얗게 내리는 유성우
    푹푹 추락하는 별 무리, 폐허 속에
    별빛이 흐릿하게 꺼져가면
    검은 하늘은 푸른 새벽을 맞이해

    잔인하게 찾아온 서광이
    주인 잃은 거리와 편지 더미들 사이를
    샅샅이 뒤져
    남은 별마저 모두 쫓아낼 때

    일만 광년 거리보다 멀리
    평행우주 건너
    서 있는 그대는 발견할 거야

    지구를 삼키는 태양과

함께 폭발하려 몸을 내주는 지구처럼

별들의 끝은 장엄하게

누구도 남김없이

완전히 타버렸다고●

● 이송우, 〈초신성〉, 계간 《실천문학》 봄여름호(2023년).

3
우리들

대리기사

"5,000원만 내면 안 될까요?"

한강 신도시에서 돌아 나오는 대리기사를 태웠다. 새벽 2시에 한강 신도시에서 서울까지 나오는 방법은 많지 않다. 서울 외곽 신도시에 손님을 내려 준 대리기사들은 대개 여럿이 모여 5,000원씩 내서 2만 원을 모아 서울행 택시에 합승하곤 한단다. 이날 새벽 한강 신도시에는 서울로 복귀하는 대리기사가 없었지만, 그냥 5,000원만 받으면 안 되겠느냐는 것이었다. 어차피 빈 차로 나오는데 별 상관이 없을 것 같아 대리기사를 태웠다.

"택시 기사처럼 생기지 않았네요."

내가 운전하는 모양, 특히 시선의 흐름까지 관찰하던 대리기사가 말했다. '맞지 않는 옷을 입었나?' 처음엔 그런 생각을 했다. 그런데 대리기사는 뭔가 의심이 들었는지 내 거주지를 묻고, 이어서 홍제동과 홍은동의 차이를 물었다. 내가 혹시나 간첩이 아닌가 생각한 모양이었다. 간첩으로 몰려 옥살이를 한 아버지의 아들이 21세기에 또 간첩으로 의심받는 현실이라니, 웃음이 나왔다.

화제가 어쩌다 그렇게 됐는지 모르겠지만, 우리는 그림과 시가 대중에게서 유리된 현실에 대해 토의했다. 그는 추상화를 싫어했다. 무슨 의미인지 모르는 그림을 그려 놓고 비평가들이 칭찬하면 갑자기 유명세를 탄다는 것이었다. 화가와 비평가, 갤러리가 모여 만든 '시장'에 대해 격렬한 반감을 표현하던 그는 요즘의 시를 읽으면 무슨 말인지 잘 모르겠다고 비판했다. 윤동주와 김소월은 쉽고 아름답고 감동적인데, 그렇게 쓰지 않고 왜 추상화처럼 쓰냐는 일갈이었다.

택시 운전사답지 않은 택시 운전사와 대리기사답지 않은 대리기사. 아쉽지만 그들의 대화는 30분 만에 끝나야 했다. 밤의 택시가 그를 금방 개화산역에 내려 줬고, 또 손님이 콜을 불렀기 때문에. 나는 개화산역에서 고양으로 가는 청년들 셋을 태워 주고 서울로 나와야 했다. 혹시나 서울행 손님을 태울까 해서 화정역에서 근처를 배회하다가 손님 대신 다시 대리기사를 태웠다.

이번 대리기사는 과거에 대기업 임원이었다. 대기업 임원으로 퇴직한 사람이 이 새벽에 대리기사를 뛰는 것이 이상했다. 대기업 부장 출신 택시 운전사가 대기업 임원 출신 대리기사를 보고 이상하다고 생각하는 새벽이었다. 알고 보니 그는 이태원 참사로 자식을 잃은 이였다. 밤에 도저히 잠을 잘 수 없었던 그는 대리기사가 됐다. 그는 자식 같은 손님들을 태우고 밤과 새벽을 질주했다. 그럼으로써 손님들을 통해 자식을 느꼈고, 동시에 자식의 죽음을 추모하고 받아들이고 있었다. 외로움이 외로움을 만나서 그 외로움을 알아봤다.

미술을 전공하고 그것을 생업으로 삼았던 이도, 대기업 임원으로 남부럽지 않은 삶을 살았던 이도 밤과 새벽의 차량 속에서 모두 똑같았다. 일용할 양식을 구하기 위해서, 무언가를 잊기 위해서 가로등 아래 펼쳐진 검은 도로 위를 달렸다. 마치 타임머신을 탄 것처럼 그 고속의 질주 속에서 시간을 거스르기도 하고 시간을 앞당겨 쓰기도 하면서 말이다. 홀로 맞는 죽음처럼 우리는 적막 속에서 홀로 삶을 맞고 있는지도 몰랐다. 우리는 그 지극한 외로움이 주는 위안에 빠진 서로를 알아챘다. 누군가의 외로움을 채워주기 위해서 우리는 오랫동안 외로움을 쌓아 두었던 것이 아닐까.

"아유 쉬엄쉬엄하세요."

택시 운전사와 대리기사가 나란히 앉아 도란도란 얘기를

나누는 장면을 상상해 봤는가? 어떤 지점에서 우리는 서로를 위로하고 있었다. 택시요금을 떼어먹고 도망간 손님, 대리요금을 주지 않고 버티는 취객 손님. 이렇게 분명히 드러나는 사건들에 대한 위로는 물론이고 우리는 보이지 않는 것에 집중했던 것 같다. 밤의 운행이 일상이 된 사람들의 가슴 속에 무엇이 담겨 있는지 우리는 자신을 돌아보며 상대를 이해했다. 작은 환대와 호의에 깊이 감사하고 따뜻한 말 한마디를 건넸다. 그 눈빛과 말에 담긴 진심은 스스로에게 돌아오는 위로였다.

치열하게 살아 낸 청춘의 시간을 복기하노라면 밤의 택시에 앉은 우리 자신이 생경하게 느껴질 때가 있다. 오늘 택시운전사와 대리기사로서 우리의 일상은 자발적으로 혹은 탄탄하지 않은 사회 시스템 때문에 갑자기 맞게 된 생활이 아니었나. 생리학자 프랑수아 자코브는 "유기체의 진화는 계속해서 손보고 새 기능을 재사용하는 과정"이라고 말했다. 그렇다면 나라는, 우리라는 유기체 역시 계속 진화하고 있는 것일까? 우리는 우리를 계속해서 손보고 재사용하고 있는가?

얼핏 쓸모가 없어진 것처럼 느껴지는 나 자신 역시 다가올 새로운 미래에는 또 새로운 쓰임새를 만들 수 있지 않을까? 그런 질문을 내게 던져 보다가 아버지 말씀과 비슷한 생각을 하는 나 자신에게 소스라쳤다. 최근 아버지는 눈이 더 나빠져서 독서를 힘들어 한다. 평생 독서를 해 온 아버지는 부쩍 자신의 쓸모에 대해 의심했다. 쓸모를 다한 자기 삶이 어떤 의미가 있느냐는 말이었다. 당신이 자식들에게 무슨 도움이 되는지 잘 모르겠다고 말하며 질문하셨다.

"내가 너희에게 줄 수 있는 것이 뭐가 있을까?"

나는 세 가지로 답했다. 경우에 막히지 않는 선비 정신, 실사구시의 실용주의 자세, 자기 삶에 정성을 다하는 성실의 태도. 길게 생각하지 않고 아버지 말씀에 바로 답한 것을 보면, 평소에 아버지라는 존재와 아버지의 삶에 대해서 의식적이든 무의식적이든 깊이 묵상했었나 보다.

오늘 하루를 살아가는 힘과 노력, 무엇보다 하루를 살아 내는 스스로만큼 쓸모가 있고 대견스러운 것이 또 있을까? 개화산역에서 내린 대리기사는 다시 손님을 찾았을까? 합정역에서 내린 그 대리기사는 집으로 잘 돌아갔을까? 그토록 아름다운 그들을 떠올리면서 나는 '추상화'를 그리지 않겠다고 결심했다. 구체적 일상에서 보편적 가치를 담는 리얼리즘의 시를 쓰겠다고 다짐했다.

초로의 남성

 금요일 밤인데 이상하게 손님이 없었다. 신림동에서 가리봉동을 향하는 초로의 남성을 태웠다. 그는 가리봉동 길가의 선술집이 그대로 있는지 궁금해했다. 창밖을 열심히 쳐다보던 그가 시트에 등을 기댔다.
 "없어. 다 사라져 버렸어."
 나는 남부순환로를 따라 차를 몰았다. '구로동맹파업 현장'이라는 지명이 카카오 택시 지도에 나타났다. 건너편에 높지 않은 흰색 건물이 보였다. 저 건물에서 동맹파업의 불길이 일어났나 보다. 흰색 건물은 수십 년 전의 오래된 자태를 그대로 유지하고 있는 것 같았지만, 그 건물 뒤의 고층 건물들은 깔끔하고 세련된 얼굴을 하고 있었다. 어떤 세련됨과 깔끔함은 배타적이다. 이질적인 존재들과 섞이지 않겠다는 듯 완강하게 타자들을 밀어낸다. 거대 단지 건물들이 그 높이만큼 아득하게 파업 현장을 우악스럽게 내려다보는 것 같았다.

한국의 노동운동은 살기 위한 몸부림에서 시작됐다. 밥 먹고 잠자는 시간을 제외하면 먹고 살기 위한 양식을 구하기 위해 모든 것을 바쳐야 하는 사람들이 있었다. 물론 '빵'을 구하는 것만이 인간의 삶을 모두 설명할 수는 없다. 인간에게는 '장미'도 필요하다. 빵만 먹고서 살 수는 없을 텐데, 하물며 그 빵조차도 제대로 나누지 않으려는 탐욕에 맞서 일어난 것이 한국 노동운동의 뿌리일 것이다.

주말에 광화문 횃불밴드 회원들과 컬래버를 했다. 횃불밴드는 유신 시대 새문안교회 청년학생회에서 활동했던 분들이 주축이 돼 결성한 밴드다. 회원 중에는 민청학련 사건 당사자들도 있었다. 횃불밴드 회원들이 노래하고 나는 전비담 시인과 함께 시를 낭독했다. 시를 낭독하면서 회원들의 마음이 함께 울렁이는 것만 같았다.

격렬한 투쟁을 한 투쟁가의 얼굴은 의외로 순했다. 횃불밴드 회원들의 맑고 온순한 얼굴을 보면 어떻게 힘이 나왔는지 궁금하다. 그들의 얼굴은 언제나 찌푸리고 성난 사람들의 그것과 달랐다. 탐욕의 얼굴을 알아보기 쉬운 것처럼 맑은 얼굴 역시 어떤 부가 설명 없어도 그 자체로 빛난다.

신경림 시인의 문인장에 모인 시인들의 얼굴도 그랬다. 존경하는 선배이거나 사랑하는 동료, 또는 믿음직한 후배를 잃은 문인들의 얼굴에 슬픔이 내렸다. 입을 벌려 우는 작가들의 얼굴은 울고 있는지 웃고 있는지 알 수 없었다. 가장 강렬한 감정은 단일한 감정으로 이뤄진 것이 아니라 여러 감정이 섞여 북받쳐 오르는 것이 아닐까 싶다. 슬픔에 찬 이들의 얼굴이 빛나는 것은 일면 이상하다. 순백이 가지는 배타성과 암흑이 가지는 맹목성을 벗어난 유채색들, 프리즘을 통과한 형형색색의 색깔처럼 문인장에 모인 작가들의 얼굴은 참으로 다양했다. 그 다양한 빛깔의 얼굴들에 드리운 슬픔이 파도처럼 오가면서 고인의 넋을 배웅하고 있었다.

서예를 하는 김성장 시인은 신경림 시인 문인장을 위해 만장을 준비했다. 김 시인은 만장을 세울 대나무를 직접 베고 천에 글씨를 썼다. 많은 문인이 만장에 함께 글씨를 남기기도 했다. 만장들은 빈소와 식당 곳곳을 둘러싸고 있었다. 그 만장들이 술을 나누는 우리 주변을 지키고 있다는 느낌을 받았는데, 덕분에 선생님이 가시는 마지막 길 역시 외롭지 않을 것 같았다. 보기 좋으셨으리라.

만장을 장지로 옮길 트럭이 오기로 했는데 시간이 많이 늦어졌다. 자정이 넘은 시간에 김성장 시인을 포함해 몇몇 시인들과 함께 만장을 트럭에 옮겨 실었다. 새벽에 장지로 이동하기로 한 김성장 시인과 이강산 시인은 숙소로 이동했고, 나는 조길성 시인, 안재홍 시인과 함께 소주를 기울이기로 했다. 일동이 서울대학교병원을 가로질러 대학로를 향하는데, 하늘에 달빛이 맑았다. 무슨 일인지 맑은 달빛은 우리를 계속 따라왔다. 우리가 대학로 길가 간이 테이블에 앉자, 달빛은 서로의 얼굴에까지 따라 앉았다.

서로의 얼굴에 내린 달빛을 바라보며 소주잔을 주고받았다. 조길성 시인이 근작 시를 꺼내 낭독했다. 달빛 아래 흐르는 시구가 취기를 돋았다. 대학 시절 활동했던 문학 동아리 찬가에 "술 마시나 문학 하나 마찬가지다"라는 구절이 있다. 그 노랫말의 의미를 중년의 어느 날이 돼서야 깨닫는 걸까. 시인들의 맑고 순한 얼굴이 사랑스럽게만 보였다. 조길성 시인의 얼굴에 기습 뽀뽀를 했다. 그의 전매특허인 만면의 미소가 환히 빛났다.

다 사라져 버린 것이 가리봉동의 허름한 주점만은 아니다. '술 마시나 문학 하나 마찬가지다'를 부르짖던 모교의 문학 동아리도 회원을 받지 못해 10여 년 전에 사라졌다. 오늘의 일상에 즉각 쓸모가 없는 것들이 자리를 찾지 못하고 배회하고 있다.

"무좀처럼 살아남아야 한다"라는 말을 들었다. 모든 걸 태울 듯 열심인 분들이 한 분 두 분 떠나는 날에 그 말뜻을 더 새겨봤다. 아무 쓸모도 없는 시구를 쥐어 든 채 달빛처럼 웃던 시인과 달빛이 돼 버린 시인을 생각한다. 만장을 세우려 바삐 움직이던 시인의 손을 생각한다. 격렬한 투쟁을 헤치고 끝내 맑게 익은, 순한 투쟁가의 얼굴을 생각한다. 우는 듯 웃는 듯 벌려진 입들을 생각한다. 새벽 할증 40%를 피해 새벽 2시가 넘은 시간까지 창경궁 길을 걷던 시인들을 생각한다. 누군가에게 무좀처럼 보일, 끝내 살아남을 우리의 무용함을 생각한다. 회원을 받지 못해 사라진 문학 동아리 찬가의 2절 가사 "문학 하나 투쟁하나 마찬가지다"를 생각한다. 그 모든 싸움의 흔적을 생각한다.

보험사 영업사원들

문래동은 원래 목화씨 심고 거둬 물레 돌리던 곳이었는데, 만주사변 이후 관동군 병참기지로 활용하기 위해 경성부로 편입됐다. 병참기지로 쓰기에는 노량진이 거리상 용산과 가까웠지만, 노량진은 경사지가 있어서 탱크 등 대형 무기를 수리하고 점검하기에는 부적합했다. 그런 이유로 영등포역의 후방인 문래동이 병참기지로 선택됐다.

문래동 철공장들과 공방들의 뿌리는 만주로 보낼 무기나 만주에서 회수한 일본군 무기들을 수리하기 위한 공장이었다. 문래동 좁은 골목은 오사카 뒷골목을 연상시키는데 이 좁은 골목에서 일본식 개발이라는 역사의 흔적을 찾아볼 수 있다. 지금은 사라진 문래동 홍등가 역시 군인과 군무원, 기술자를 상대하기 위한 목적으로 설계됐다고 한다. 조금씩 사라져 가는 철공장들과 쇠락한 공방들 사이로 요즘은 힙한 카페들과 술집들이 문래동의 아픈 과거를 지워 가고 있다.

소나기 내리는 토요일 밤에 문래동 차고지를 나서며 첫 번째 콜을 받았다. 목적지는 문래역, 기본 요금이 나오는 곳이었다. 사십 대 남성 손님 둘은 문래동 뒷골목 술집에서 일차로 술을 마셨고, 역시 문래역 근처 술집으로 자리를 옮기려 했다. 소나기가 오는 바람에 우산이 없어서 짧은 거리지만 택시를 잡았다며 미안하다고 했다.

그들은 보험사 영업사원들이었다. 그것도 아주 잘나가던. 보험사 영업사원은 자유직이다. 기본급이 없고 성과급으로 경쟁한다. 경기가 좋았을 때 그들은 큰돈을 벌었고, 이른바 '워라벨'을 중시했으며, 자신들의 취미에 아낌없이 투자했다. 그러나 이들에게도 불황의 그림자가 찾아왔다. 실적이 떨어지자, 회사는 주말에도 영업사원들을 불러 사유서를 쓰게 하고 향후 전략과 계획을 제출하게 했다. 대개 회사는 목표를 달성하지 못하면 제일 먼저 직원들에게 극복 방안을 도출하도록 한다. 자유직 종사자도 이를 피해 갈 수 없을 만큼 불황의 그림자가 깊었던 모양이다.

"형님, 우리가 이러려고 자유직을 선택한 건 아니잖아요?"

"이럴 때도 있어. 그게 자유직의 숙명이야."

웃옷 안으로 운동으로 잘 단련된 가슴이 비쳤고, 셔츠 차림의 다른 사람 역시 탄탄한 몸을 가졌다. 그들에게 술 냄새가 풍겼지만, 매무새나 행동에 빈틈이 없었다. 감탄하는 나를 보면서 그들은 "자유직 종사자는 자신의 일상 역시 자유롭게 관리해야 한다"라고 말했다. 무절제한 생활은 그 자유의 삶을 지속 가능하게 할 수 없기 때문이라고 했다.

자정을 지난 새벽에 이번에는 성수동에서 방송 자유직을 하는 이십 대 여성을 태웠다. "월화수목금금!" 그녀는 자신의 삶을 그렇게 표현했다. 성수동 카페에서 어떤 제품 촬영을 마쳤는데, 일요일인 내일까지 영상 작업 초안을 마치기 위해서는 오늘 새벽 역시 짧을 뿐이었다. 그런 그녀는 애인에게 전화해 "집에 갈 때까지 잠을 자지 마라"라고 청하고 있었다. 애인은 레이서인데 그 역시 일요일 아침 차를 몰아야 하는 상황이었다.

모두가 토요일 밤에서 일요일 새벽까지 '불토'를 보내지는 않는다. 어떤 이들은 잠을 쪼개 가며 일하거나 사랑을 나눈다. 청춘의 사랑이 끝나고 나면 그들은 일요일 아침부터 각자의 일을 위해서 뛰어나가야 한다. 자유직 종사자의 일할 자유는 그 끝과 시작을 알 수 없을 만큼 이토록 자유롭다.

그렇다면 작가의 삶은? 전업 작가 역시 자유직이다. 그 무한히 일할 '자유' 앞에서 전업 작가의 삶을 택한다는 것은 대단한 용기다. 작품 납기를 자신이 선택할 수 있는 자유는 삶의 수준을 천차만별로 만들기 쉽다. 전업 작가도 작품 자체나 여기에서 파생된 강연 수입만으로 작품 활동하기는 만만치 않아서 자기 먹거리를 따로 만들곤 한다.

작가는 작가의 삶을 어떻게 만들 수 있을까? 작품 활동을 지속하기 위해서는 일용할 양식이 필요하다. 또한 생활인으로서 가족 부양의 책임과 의무를 다하는 것도 중요하다. "시인이 되기 전에 생활인이 되라"라는 신경림 시인의 말씀은 '작가 이전에 생활인임을 잊지 말라'라는 당부다.

문제는 경제 활동을 충실히 수행하고 난 뒤의 상태다. 만일 작품 활동을 할 만큼의 시간과 에너지가 남아 있지 않다면 주객이 전도돼 버리기 때문이다. 나는 한 번도 전업 작가였던 적이 없다. 정규직 노동자로 22년을 일했고, 또 1년을 프리랜서로 일했다. 그래서 작가로서의 내 삶은 이제 5년 정도로 짧다. 어떤 시인은 내게 "선생은 꼭 자기 문학을 팔아먹는 영업사원 같다"라고 말했다. 아마도 생활인으로서 내 삶이 시와 문학에 오롯이 정진하지 못하고 있음을 꾸짖은 말이겠다.

모든 천체 사이 인력이 균형을 이루는 지점을 '라그랑주 포인트(Lagrangian point)'라고 한다. 인력의 균형점을 발견한 프랑스 과학자 조제프-루이 라그랑주의 삶은 어땠을까? 그는 과학자와 생활인으로서 중심을 잘 잡았을까? 경제 활동과 작품 활동의 경계를 걸으면서도 중심을 잃지 않는 것이 중요하다. 작가로서 내 정체성은 분명 미약하다. 어쩌면 나는 아직 피어나 본 적도 없고, 앞으로 피어나지 않을 수도 있다. 어쩌면 나는 작품 활동의 길을 잃은 채 거대한 '생활 인력'의 블랙홀로 빨려 들어가 우주 어딘가로 사라져 버릴지도 모른다.

자유직 종사자로서 자유를 추구했던 보험 영업사원들의 흔들리는 어깨를 떠올린다. 쇠락과 향락이 교차하는 문래동 뒷골목, 빗속에서 외마디 함성처럼 울리던 그 소리를 기억한다.

"형, 우리 가오는 있잖아요. 그것까지 잃어서는 안 되죠. 맞죠, 형?"

'가오'란 무엇인가? 가오는 허세와 명확히 구분되지 않는다. 가오를 놓지 못하는 것은 허세를 부리는 것일 수도 있다. 마지막 자존심을 지키고자 하는 마음, 그곳에 가오와 허세가 쌍둥이처럼 함께 있다. 어려움에 맞서는 그들의 가오가 정말 효과적인 것일지를 떠나서, 그들이 가오를 잃지 않고 좀 더 자유를 누렸으면 좋겠다. 그들의 자존심과 존엄성이 불황의 그림자 속에서도 꿋꿋하게 살아남았으면 좋겠다.

저 가득한 뒷좌석의 사람들

 마침내 밤과 새벽이 내게 깊고 어두운 얼굴을 내보였다. 노랗고 탐스러운 보름달처럼 환하게 빛나는 밤의 얼굴만을 지금까지 봐 온 것이 이상했다. 이럴 확률은 표준정규분포상 이상치, 즉 거의 벌어지지 않는 확률이었다.

 밤의 어두운 면을 본 날, 첫 손님을 가로등이 얼마 없는 어둑한 곳에 내려 드렸다. 가로등 없는 '어떤' 서울의 밤거리는 적막했다. 적막한 거리를 지나고 나니 대치동에서 만취한 손님이 탔다. 막히는 거리를 뚫고 용산을 향했다. 목적지에 거의 다 와 가던 무렵에 손님이 갑자기 깨어났다. 취객이 자다가 갑자기 깨면 어떤 일이 일어나는지 나는 잘 알고 있다. 나 역시 몸으로 체험했기 때문이다.

 취객은 뒷자리에서 '온몸으로' 쏟아냈다. 너무도 처절하게 쏟아내길래 과거 나의 고통마저 소환됐다. '꺼이꺼이' 마지막 순간까지 토하고 난 취객은 정말 미안해했다. 다행히 손님은 좋은 일로 마셨다고 했다. 동기들보다 몇 년 늦은 승진에 속을 끓였는데 마침내 승진했다고 했다.

토사 객을 내려 주고 신용산역 인근 편의점 앞에서 급한 대로 차량을 청소했다. 소화액과 타액, 소화를 끝내지 못한 음식물의 조합, 즉 액체와 젤, 고체가 뒤섞인 혼합 구성물로서 토사물은 시각적으로나 후각적으로나 아주 강렬한 자극을 줬다.

일단 고무장갑, 물티슈, 화장지, 페브리즈를 하나씩 샀다. 고무장갑을 끼고 뒷좌석에 가득한, 덩어리가 큰 토사물을 먼저 퍼냈다. 고체와 젤 형태를 제거한 뒤에는 물티슈로 꼼꼼하게 '홍수가 난' 바닥을 닦았다. 물티슈로 몇 번 닦은 뒤에는 화장지로 습기를 제거했다. 탈취제를 폭폭폭 뿌린 뒤 조금 내려앉은 습기를 물티슈와 휴지로 마감했다. 그러고 나니 뒷좌석은 토사곽란이 지나기 전보다 오히려 더 깨끗해졌다. 페브리즈를 뿌리고 창문을 모두 내려 10여 분 환기하니 실내 공기도 쾌적해졌다. 차량에 냄새가 밸 것 같아 1차 청소한 뒤 차고지로 복귀해서 2차 청소할까 했는데, 그럴 필요가 없어 보였다.

"밖에서 만났으면 죽여 버렸어!"

차고지로 복귀한 뒤 오늘 운행을 마감할까 했던 마음을 바꿨다. 카카오 택시 앱을 다시 켜자, 용답역 가는 손님이 콜을 불렀다. 손님들을 태웠다. 뭔가 미심쩍어서 '콜 부른 것 맞냐'라고 확인했다. 손님들은 "그렇다"라고 답했는데, 사실이 아니었다. 원래 콜을 부른 손님에게 "왜 점점 멀어지고 있느냐?"라고 전화가 왔다. 나는 콜을 취소한 뒤 원래 택시를 부른 손님에게 사전 결제된 금액을 입금해 주기로 했다. 반면 '콜을 불렀다'라고 속이고 차에 오른 손님들은 목적지를 정확히 알려주지도 않은 채 "용답동으로 빨리 가라"라고만 했다. 목적지가 용답동 어디인지를 몰라서 나는 용답동주민센터로 손님들을 모셨다. 용답동주민센터에 도착하자 그곳이 목적지가 아니라고 했다. 욕설과 위협을 하면서 주소를 불러 주지 않는 손님들과 한참 실랑이를 벌였다. 그러고는 간신히 취객들을 목적지에 내려 줬다.

이번에는 분실물을 찾아 달라는 손님 전화를 받았다. 뒷좌석에 손님이 두고 간 지갑이 있었다. 이미 손님이 하차한 곳과 한 시간 이상 걸리는 너무 먼 곳에 있기에 차고지에서 분실물을 찾아가라고 안내했는데, 굳이 미터기를 꺾고 와 달라고 했다. 어쩔 수 없이 미터기를 꺾고 목적지로 갔다. 그런데 목적지로 돌아가서 지갑을 건네자, 손님은 미터기대로 값을 내지 않겠다며 버텼다. 나로서는 야간 택시의 황금 운행 시간인 밤 11시에서 자정까지 수입을 놓친 셈이었다. 이러면 안 된다고 항의했더니 만 원짜리 지폐를 던지고 술집 거리로 휘이 휘이 가 버렸다.

새벽에는 노원에서 진접을 향하는 손님들을 태웠다. 꽤 먼 길이었다. 가 본 적 없는 도로는 위협적이다. 모르는 길을 고속으로 달리니까 심장이 흥분으로 요동쳤다. 손에 힘이 들어가고 긴장으로 척추와 목이 뻣뻣하게 일어섰다. 피파(FIFA) 게임 얘기하는 청년들을 내려 주고 잠시 근처를 배회했다. 혹시 서울로 돌아가는 손님을 태울 행운이 올 수도 있으므로. 하지만 이날 밤과 새벽의 검은 얼굴은 그런 행운을 내게 허락하지 않았다.

어떤 사건은 분노나 억울함, 슬픔이나 후회 같은 부정적 감정을 일으킨다. 그 사건을 나와 분리하는 세 가지 방법이 있다. 먼저 거인이 된 앨리스처럼 그 사건보다 내가 커지면 된다. 내가 사랑하는 사람들과 나를 믿고 사랑해 주는 사람들을 생각하면, 나라는 존재가 아주 웅장해지면서 무엇도 해낼 것 같은 호연지기가 솟는다. 사건을 아주 작게 만들어 버리는 두 번째 방법도 있다. 원효의 유심론 반대 버전이라고 할까? '그거 별 것 아닌데?' 같은 정신승리법이다. 사람이 죽은 것도 아니고 다친 것도 아니고 큰돈을 잃은 것도 아니잖아! 세 번째 방법은 관찰자 시각으로 사건에서 빠져나오는 것이다. 예컨대 글쓰기를 통해 사건을 객관적으로 건조하게 바라볼 수 있다.

먼저 나는 첫 번째 방법을 썼다. 설날 부모님을 찾아가서 삼대가 노래를 부른 기억을 떠올렸다. 아버지는 〈부용산〉을, 나는 윤하의 〈Savior〉를, 둘째는 너드커넥션의 〈그대만 있다면〉을 불렀다. 삼대가 함께 노래를 부르니 참 행복했다. 이런 행복을 누리는 나라는 사람, 참 행운 넘치는 사람이 아닌가. 그러고 나니 새해 결심이 다 이뤄질 것 같았다. 이내 마음이 따뜻해졌다.

빛이 검은 하늘을 파랗게 산란하며 불그스름한 색을 조금씩 흘렸다. 어느덧 개와 늑대의 시간이 오고 있었다. 밤이 낮에 시간의 방향타를 넘겨주는 시간에 나는 진접에서 청담까지 빈 차로 질주했다. 왕복 8차선 도로 위로 가로등 빛들이 빠르게 점으로 수렴될 때 내게 중얼거렸다.

"겁먹은 건가? 쫄리네. 그런데 왜 이렇게 아름다운 거지? 그래, The dark side of the night(밤의 어두운 면)이라면, 이 정도 양가성은 가져야겠지!"

그렇게 세 번째 방법, 관찰자와 기록자의 시선을 채택하면서 나는 지난밤의 어둠에서 빠져나오고 있었다.

세일즈맨

지난 4월 19일에 대학원 동기, 후배와 함께 석사 때 지도교수인 김균 교수님을 찾아뵀다. 우연히 페이스북에서 내 소식을 보게 된 서수민 교수님 덕분에 이 모임이 가능했다. 놀랍게도 교수님이 올해 정년이라고 했다. 교수님과 20여 년 전 얘기를 하며 다들 즐거웠다. 교수님은 "너 때문에 혁명이 일어나지 않는 거야!"라는 내 일갈이 대학원에 전설로 남아 있다고 했다.

"이제 내가 퇴임하면 그 기억도 조금씩 이곳에서 사라지겠지."

교수님 말씀이 가슴을 파고들었다. 존재는 사람들의 기억 속에서 잊힐 때 비로소 사라진다. 내가 대학원에서 아직 생존하고 있는 것은 그 '혁명의 전설'을 가끔 제자들에게 들려준 김균 교수님 덕분이었다. 알지 못했던 나의 흔적을 깨달음과 동시에, 곧 사라질 그 흔적에 대해 나는 슬픔과 기쁨이 섞인 감상에 젖었다.

그러자 교수님이 내 석사 논문의 '감사의 글'을 짚어 줬다. 저녁 식사 자리에서 우리를 만나기 전 교수님은 우리들의 논문을 찾아봤다고 한다. 교수님이 보여 준 내 석사 논문 제일 앞 '감사의 글'은 다음과 같이 시작한다.

"이 논문은 나와 나를 둘러싼 구조와의 복잡하고도 지난한 상호작용 혹은 항쟁의 결과물이다. 다시 말하자면 본고는 학부를 지나 대학원 생활에 이르기까지, 그리고 대학원 과정을 이수하는 동안의 다양한 경험, 일상생활, 나와 직간접적으로 교류했던 모든 사람, 정치·경제적인 외적 조건 등 '총체적인' 구조물과 내 자신이 만나 쌓은 작은 탑이다. 그러므로 나는 이런 총체적인 구조물에 고마워할 수밖에 없다."

왜 이렇게 비장하고 웅장할까? 석사 논문이 나와 나를 둘러싼 구조와의 상호작용 혹은 항쟁의 결과물이라니! 나는 요즘 말로 과잉 원조 '진지충'이었다. 유머와 위트는 찾아볼 수 없는, 툭 건드리면 폭발하는, 언제나 화가 난, 자신만의 우물 안에 자신을 가둔 벌레 한 마리. 그런 '그'를 바라보는 교수님 마음은 어땠을까?

지금의 내가 '그'를 보니 웃음이 나오고 한편으로는 사랑스러웠다. 여전히 철들지 않는 나는 더없이 철들지 않았던 젊은 내가 애틋했다. 물론 20년의 시간을 넘어오면서 내 무모함과 용감성은 닳았다. 거센 물살 속에서 바위와 부닥치며 깨지고 작열하는 태양 아래서 시들고 말랐다. 그런데도 내 본성은 변치 않았다고 생각한다. '그'를 다시 만나긴 어렵겠지만 나는 젊은 나를 응원했다. 미래의 내가 전하는 신호를 과거의 내가 받아볼 수 있을까? 어쩌면 과거의 나는 이미 미래의 내 응원에 힘을 받았을지도 모르겠다.

며칠 뒤 야간 운전에서 고객 상담을 두려워하는 세일즈맨을 태웠다. 노원을 향하는 밤 10시 30분에 그는 영업이사와 통화했다. 그는 자신을 믿고 응원하는 이사에게 자신의 두려움을 토로했다. 영업 베테랑은 어느 순간 영업이 두려워졌다고 했다. 후배들에게 전설인 자신, 그 이미지가 너무 버겁다는 것이었다. 숱한 실적을 쌓고 어려운 계약을 성사시켰던 그는 이제 후배들 교육에 집중하고 싶었다. 그것은 싸움을 두려워하는 검투사의 모습이었다. 평생 피 튀기는 싸움을 해 온 검투사가 어느 날 전장이 무서워진 것이다. 자신의 칼이 더 이상 빠르지도 예리하지도 않음을 깨달은 것이다.

만일 실수가 두려워진다면 현장을 떠나야 한다. 더 잘할 수 있는 사람에게 자리를 넘겨야 한다. 그 베테랑 세일즈맨이 현업을 떠난다면 후배 교육에서 더 나은 성과를 낼 수 있을 것이다. 현업을 떠난 야구 선수가 코치로서 새로운 삶을 여는 것처럼 말이다. 자신의 마음을 들여다보고 이를 솔직하게 임원과 공유한 세일즈맨은 참으로 용감했다.

　노원에서 손님을 태우지 못했다. 나는 동부순환로를 타고 강남을 향했다. 한강이 가까워질수록 도로 위에 택시들이 행렬을 이루기 시작했다. 서로 다른 곳에서 손님을 내려 준 택시들이 블랙홀로 빨려들 듯 강남을 향하고 있었다. 나치의 런던 공습에 맞서 런던 하늘을 가득 메운 전투기들처럼 하나둘 모여드는 택시들. 내 옆을 스쳐 고속으로 질주하는 택시의 옆모습은 돌격하는 전투기의 모습이 아닌가. 달리는 택시의 꼬리 등은 마치 서로를 응원하는 전투기들처럼 보였다. 현업을 떠난 나, 칼을 거둔 검투사는 잘 살고 있는 것일까? '혁명의 불발'을 분노하던 나는 지금 어떤 모습인가?

취객

영등포 전통시장 근처에서 2200(밤 10시)에 승객을 태웠다. 흔들리는 발걸음과 정확하지 않은 발음으로 봐서 취객이었다. 그는 멍하니 창밖을 바라보고 있었다. 조용한 취객은 시끄러운 취객보다 위험하다. 자칫 목구멍에서 강하게 솟는 거대한 '혁명의 분수'(?)를 지켜봐야 할 수도 있기 때문이다. 그래서 조용한 취객, 특히나 잠이 든 취객은 조심스럽다. 그런 내 마음을 알아챘는지 승객이 불쑥 내게 말을 걸었다.

"사람이 갑자기 자살했습니다. 쉽게 죽을 사람으로 보이지 않았는데요."

나는 흠칫 놀랐는데, 그의 목소리는 내 놀라움보다 더 심하게 떨렸다. 그는 3년 동안 노숙자 지원 시설을 담당한 공무원으로, 노숙자 클래식 합주단을 수립하는 데 결정적 역할을 했다. 노숙자들은 대개 사업 실패, 실직, 사고 등으로 경제적 어려움을 겪은 뒤 생활고 때문에 가정을 버리고 거리로 나온 사람이다. 일단 노숙자가 되면 건강, 특히 정신 건강에 어려움을 겪는다고 한다. 그는 노숙자의 우울증, 무력감, 자존감 부족이라는 문제를 해결하기 위해 '노숙자 윈드(관악기) 오케스트라' 사업을 추진했다.

이 사업은 마약과 범죄에 무방비로 노출된 빈민 아이들을 구제하기 위한 베네수엘라의 '엘 시스테마(El systema)'를 모티프로 한 사업이었다. 문제는 노숙자에게 클래식 악기를 가르치는 일을 어느 오케스트라도 하려 하지 않았다는 것. 그는 알고 지내던 오케스트라 단장을 설득했다. '노숙자도 사람이다. 음악이 사람을 치유하고 사람의 정서를 순화하는 기능이 있다면 노숙자 역시 치유할 수 있다'라고.

사업 초기에는 가르치는 사람과 참여할 노숙자를 모으기도 힘들었지만, 3개월이 지나면서 그 결실이 나왔다. 노숙자 관악 합주단은 야외에서 일반 관중을 대상으로 공연했으며, 서울시 주관 노숙인 경연대회에 참가해 우수상을 받았다. 덕분에 합주단은 제주도까지 가서 공연했다. 연주하는 사람도 듣는 사람도 모두 함께 치유되는 감동적인 순간이었다.

그런데 제주도 공연까지 마친 단원 중 가장 젊은 트럼펫 연주자가 자살했다. 승객은 시설 종사자, 그리고 노숙인 정서 치유 프로그램 선생님과 회식하면서 그 소식을 들었다. 사업 운영자도, 함께한 단원들도 모두 충격을 받은 것은 말할 필요 없었다.

젊은 노숙자는 그보다 열 살 정도 어렸고, 함께 음악 연습할 때는 더없이 밝았다고 했다. "함께 해외여행도 가면 좋겠다. 해외에 가서 연주하면 좋겠다"라고 웃던 그의 얼굴이 떠올라서 괴롭다고 했다. 그가 보직을 변경하고 나서 채 몇 달도 안 돼 한강에서 투신자살했다며, 그 죽음에 자신의 책임이 있는 것은 아닌지 죄책감이 든다고 했다.

"내가 그를 더 따뜻하게 끝까지 보살펴야 했는데요."

알고 보니 그의 아버지는 장면 총리의 보좌관을 했고, 군사 쿠데타에 대항해 서울역 앞에서 일인시위 하다가 고초를 겪기도 했다. 그는 자신이 받았던 사랑과 고인이 된 아버지의 책임감과 의무를 떠올리면서 더 많은 이들을 위한 사업을 열정적으로 추진해 왔다. 하지만 젊은 트럼펫 연주자, 노숙자의 죽음 앞에서 그간 자신이 해 온 일들이 옳았는지에 대해 혼란스러워했고, 그 죽음에 대한 책임과 죄책감에 빠져서 괴로워했다. "사랑을 주는 것만으로는 부족합니다. 사랑을 받고 있다는 것을 느낄 수 있을 때까지 사랑해야 합니다"라는 성 요한 보스코의 말씀을 인용하며 그는 자신을 탓하고 있었다.

어떤 이는 본인의 부와 권력, 명예를 위해서 수단과 방법을 가리지 않고 최선을 다한다. 권력과 부의 개인적 추구를 국가의 운명을 위한 헌신이라며 스스로에게 최면을 거는 나르시시스트들이 곳곳에 있다. 대개 그들은 윗사람을 제치고 아랫사람을 밟으면서 그 자리를 구축한 사람들이다. 그들은 명확하게 자신의 책임인 사건에 대해서도 뻔뻔하게 남을 탓한다. 모두가 뻔히 책임이 누구에게 있는 줄 아는데도 말이다. 반면, 어떤 이는 사랑을 나누기 위해 온갖 노력을 다하며 그 노력이 부족했다고 끝까지 괴로워한다.

"제 탓이지요. 밴드 리더가 걷지 못하게 된 것은."

불현듯 취객의 젖은 눈동자가 반짝였다. 나는 그에게 내가 몇 년간 활동했던 '물고기자리' 밴드를 소개했다. 우리는 2022년 겨울에는 연주회를 열기도 했다. 몇 년간 밴드를 하면서 참 행복했다. 올해 들어 택시 운전하면서 내가 빠졌고, 밴드는 자연스레 활동을 멈췄다. 그런데 함께했던 밴드 리더가 하반신 말초 신경에 이상이 오면서 요즘 잘 걷지 못하게 됐다. 나는 "내가 밴드를 그만두면서 그렇게 된 것 아닌가?" 괴롭다고 말했다.

"그게 어떻게 기사님 탓인가요?"

"그런가요, 손님? 제가 해 드리고 싶은 말씀입니다."

우리는 연락처를 주고받았다. 최근 그에게 소식을 들었다. 오케스트라 사업은 좌초될 위기가 있었지만, 모두의 노력으로 이어질 수 있었다고. 어쩌면 이번 주말 어디선가 '노숙자 윈드 오케스트라'가 공연할지도 모른다. 그러면 나는 그 '사람들'을 안아 줄 것이다.

까만 하늘이 파랗게 물들었습니다 해가 뜨나봐요 새벽기차에서 당신의 얼굴이 빨갛게 물들었습니다 차마 당신을 쳐다볼 수 없어서 나는 하늘을 바라봤습니다 여기 당신이 있는데 해가 떠오르고 해가 진다니요 당신이 여기에 있는데 하루가 지나는 것이 신기해요 눈을 감아도 눈을 떠도 여기 당신이 있는데 어떻게 계절이 바뀔 수 있는지 창에 비친 사내의 얼굴이 여명에 사라져 갈 때까지 나는 당신이 궁금해하지 않는 질문을 반복했습니다•

• 이송우, 〈입동〉, 창작21 작가회 25년 연간작품집 《이세 어두울 수가 없다》, 들꽃, 97쪽.

대표님

'멋진 선생님, 휴대전화 찾아 주셔서 넘넘 감사합니다. 음료수 가지고 뛰었는데 못 드렸네요. 처음 모습 그대로 변함없이, 만복을 누리세요.'

어둠이 내리는 사당동 거리를 강추위가 휩쓸고 있었다. 부천 어디 쌀집 앞에서 트렁크에 실은 무거운 쌀 한 포대를 내렸다. 장갑을 끼지 않은 맨손은 금방 곱아들어 이내 바늘로 찔린 듯 손끝이 아팠다. 하지만 승객이 무거운 짐을 들고 계단을 오르는 것이 힘들 것 같아 나는 건물 입구까지 계단을 올라가서 쌀 포대를 부렸다. 감사하다며 연신 고개를 숙이곤 총총히 사라지는 승객. 그녀는 주문 음식을 만들고 판매하는 가게의 대표이자, 양방 의사와 협업하며 웃음 치료로 환자를 호전시키는 의료인이었다.

승객과 짐을 내려 주고 뒷좌석을 보니 휴대전화가 있다. 두고 내린 것이다. 나는 다시 차를 돌려 그녀의 가게로 돌아갔다. 가게 입구 앞에 부린 쌀 포대에 휴대전화를 올려 두고 메모를 남겼다. 10분이 지나지 않아 승객에게서 문자가 왔다. 참고로 카카오 택시를 이용하면, 분실물이 있을 때 운전사에게 연락할 수 있다. 정말 고맙다며 승객은 바나나 우유 쿠폰을 보내왔다. 과연 '대표님'다운 보답이었다.

그녀에게는 아픈 부모님이 있었다. 아픈 부모님을 치료하기 위해 노력했지만, 차도가 없었다. 그래서 스스로 웃음 치료를 개발했다. 그녀의 말에 따르면, 웃음 치료는 인지, 행동, 심리, 병리 등 네 가지 방면에 좋은 효과가 있다고 한다. 웃음이란 무엇인가? 결국 긍정적 에너지를 전달하는 커뮤니케이션이다.

그녀가 운영하는 가게에는 특별한 서비스가 있는데, 그것은 바로 '친구처럼', '가족처럼'이라는 표어에서 드러난다. 밥은 흑미로 푸짐하게, 반찬은 아낌없이, 별미를 무료로 제공한다. 무엇보다 음식을 주문한 사람과 문자로 소통한다. 음식은 어땠고, 언제 어떻게 먹었는지를 주고받다 보니 어느덧 가게의 모든 손님과 개인사를 나누는 사이가 됐다. 멀리 이사해서도 꼭 이 가게에서 주문하는 손님이 생겼다.

영화 〈파리 텍사스〉의 마지막 부분에 두 주인공이 개처럼 짖으며 소통하는 장면이 있다. 그것은 '대표님'의 특별한 서비스처럼 언어 뒤편에 놓인 진심을 추구하는 의도일 것이다. 말하지 못하고 귀가 들리지 않는 부모 아래에서 자란 수재 얘기도 마찬가지다. 부모의 진심 어린 눈동자가 그 무엇보다 큰 사랑과 믿음을 전달했다. 진심 어린 소통, 그녀의 특별한 서비스를 묵상하자 어떤 검은 상흔이 서서히 떠올랐다. 나는 '타임머신 영사기'를 삼성전자 프린팅 사업부 인수 합병 시절, 서로 간 커뮤니케이션이 단절됐던 때로 돌리고 있었다.

삼성전자 프린팅 사업부는 2017년 11월 1일 HP코리아에 인수·합병됐다. 그에 앞서 삼성전자는 2016년 11월 1일 자로 프린팅 사업부를 분사시켜 1년 뒤 합병을 위한 준비를 시작했다. 이 1년 동안 나는 그 이전에는 겪지 못한 크고 작은 일들을 경험했다. 컨트롤 타워가 기업의 분사와 매각, 합병을 결정했는데, 이 결정과 집행 과정에서 직원들이 그 전략 따르기를 거부했다. 많은 인력이 인수·합병을 거부하면서 거리로 쏟아져 나왔다. 그뿐 아니었다. 직원들은 임원들의 업무 지시 역시 거부하기 시작했다. 묵묵히 일해 온 관성이 깨지면서 상사와 직원 사이의 커뮤니케이션 규칙 역시 부서지기 시작했다.

"부장님, 그렇게 심하게 밟혔던 것을 잊으셨나요? 저는 매일 자기 전에 되새깁니다. 약해지시면 안 됩니다, 부장님!"

울분에 찬 후배 과장의 말과 표정이 생각난다. '지독한 경쟁 속에서 중고등학교를 졸업하고, 간신히 대학교에 입학하고, 다시 쉼 없는 경쟁을 거쳐 삼성전자에 입사했는데, 외국 회사 직원으로 일하라고?' 나는 대리 사원 후배들의 분노가 이해됐지만, 그 잘못이 사업부의 경영진에 있다고 생각하지 않았다. 선배 임원들 역시 삼성전자의 컨트롤 타워가 내린 결정의 희생자였다. 후배들의 분노와 울분, 배신감. 그리고 인수·합병 뒤에 제일 먼저 옷을 벗고 헛헛하게 퇴직해야 했던 선배 임원들의 서러움과 슬픔. 그들을 떠올리다가 잠시 눈자위가 뜨거워졌다.

어떤 회사의 회식이었는지 다 큰 어른들이 한 사람을 중심으로 빙 둘러섰다. 그러더니 중앙의 사람이 누군가의 뺨을 때렸다. 누구도 제지하지 않았다. 맞은 사람은 웃음을 지었고, 이내 그는 또 뺨을 맞았다. 그는 다시 미소를 지었다. 뺨으로는 성에 차지 않았던지 중앙에 선 사람이 그의 정강이를 구둣발로 걷어차는 것이 보였다. 통증에 얼굴이 일그러지면서도 그 직원은 쓴웃음을 유지했다. 매 맞는 그는, 나 아니 우리의 모습이었을 것이다.

나는 왜 택시 문을 박차고 나가서 이 폭력에 대해 항의하지 못했을까? 나는 그리고 삼성전자 선배 임원들은 왜 헛헛하게 퇴직해야만 했을까? 왜 우리는 컨트롤 타워의 분사 및 매각 결정, 즉 일본을 제외하면 세계 유일의 레이저 프린팅 기술을 미국 회사에 넘기는 결정에 맞서지 못했을까?

  말, 말, 말…. 나는 다시 그녀의 특별한 서비스를 내게 투영한다. 그녀의 따뜻한 말과 배려를 떠올린다. 왜 진작 이런 걸 못 해 봤을까? 그리하여 얼어붙은 겨울밤 사당동 거리에서 나는 아직도 따뜻한 사람들의 따뜻한 말을 기다린다. 반갑게 인사하고 승객들의 말에 귀를 기울인다. 무거운 짐을 싣고 내린다. 외진 길은 후진으로 나오는 한이 있어도 진입한다. 회차 시간이라도 길가의 노인은 태운다. 나는 나의 불편을 추구하기로 했다. 덕분에 내가 직장 생활 중 못 해 본 '완전 커뮤니케이션'을 마치 할 수 있을 것처럼, 이것이 마치 나의 특별한 서비스인 것처럼.

칠십 대 여인

"왜 이렇게 안 오는 건가요?"

남부터미널역에서 콜이 울렸다. 호출 장소에서 기다렸는데 승객이 오지 않았다. 승객은 다른 곳에서 기다리고 있었다. 콜을 부르는 위치가 자신이 있는 곳이 아닌 다른 곳에 찍히는 경우가 종종 있다. 자동차 내비게이션도 마찬가지다. 때때로 내가 있는 곳이 아닌 장소에 차량이 위치한 것으로 나타나다가 1~2초 주행하면 위치가 새로 잡힌다. 어르신들은 이런 내용을 잘 모르니 자신이 콜 부른 곳으로 오지 않았다고 역정을 낸다. 다행히 승객이 그렇게 멀지 않은 곳에 있어서 통화하고 승객이 있는 곳으로 이동했다.

칠십 대 여인은 미국 로스앤젤레스에서 옷 장사를 하며 거기서 아이들을 다 키웠다. 그러나 코로나19 대유행기에 미국 의료 시스템이 코로나19를 받아주지 못하는 것을 보며 귀국을 결심했다. 장례식은 물론 임종도 지켜보지 못하고 고인들과 허망하게 이별해야 하는 상황에 충격을 받았다. 그녀는 한국의 지위가 아주 낮을 때부터 미국에 있었는데, 월드컵 개최와 초고속 인터넷 개통이 한국에 대한 인식이 변하게 된 변곡점이라고 말했다. 또 한국 영화와 케이팝, 김치와 라면 등 한국 문화와 음식에 대한 인기 역시 미국인들에게 한국의 존재를 분명하게 각인했단다.

칠십 대 여인은 여러 질환으로 고생하고 있었는데, 무엇보다 "암과 함께 생활"하고 있었다. 암과 함께 생활한다는 것은 이전에 누리던 많은 것들을 내려놓아야 함을 뜻한다. 또 용혈성 빈혈을 앓으면서 기억력 감퇴가 심해져서 치매 검사를 받았는데, 검사 결과와 상관없이 스스로 치매가 아닌지 의심하며 여러 병원을 전전하고 있었다. 한번은 기침하다가 갈비뼈에 금이 갔는데, 금이 간 갈비뼈는 몇 달이 지나도 붙지 않았다고 했다.

그녀의 암 투병기, 아니 모든 질환에 대한 투병기를 듣다 보니 어느덧 내 눈에 물기가 올랐다. 그런데 그녀가 갑자기 이재명과 조국의 얘기를 꺼냈다. 그들은 위선자고 거짓말쟁이며, 공산주의자임과 동시에 범죄자라는 것이다. 내가 그녀의 얘기를 계속 들어주자, 마음이 말랑말랑해진 그녀가 정치 얘기를 시작했던 것이다.

나는 X세대다. 선배 세대와 달리 X세대는 외환위기 직격탄을 맞아 취업에 최악의 어려움을 겪었다. 하지만 우리는 서태지의 노래를 들으며 대학 생활을 했고, 이전 세대와 달리 어학연수와 해외여행을 본격적으로 시작했으며, 컴퓨터 게임과 힙합의 성장 및 대중화 시기를 모두 경험했다. 어르신 세대가 우리 선배 세대인 586을 바라보는 시각은 '우리가 고생하며 경제 활동할 때 데모만 하다가, 그들 세대에 대한 아무런 존중도 없이 이제 와서 그 성과만을 모두 독식한다'로 요약할 수 있지 않을까 싶다. 우리 세대에 대한 인식은 '데모만 하다가'를 '놀기만 하다가'로 바꾸면 된다.

그런데 X세대가 MZ세대를 또 '괘씸하게' 보고 있으니 이 어쩐 일이란 말인가. 수십 년 전, 대학 때 동기 한 명은 "나는 부모님의 보험"이라고 말했다. 부모님은 자신을 후원하고 자신이 좋은 직업을 얻으면 부모님을 부양해야 한다는 말이었다. 그러나 세상이 바뀌었다. 우리는 부모님을 부양하고 자식의 부양을 기대할 수 없는 세대가 됐다.

동문회에서 만난 어떤 친구는 자신은 파김치가 돼 돌아와 설거지와 집안일을 하는데, 휴학 중인 대학생 자식은 누워서 스마트폰이나 텔레비전을 보고 있는 상황이 너무 힘들다고 말했다. "식사라도 준비하라"라고 했더니, 싫은 티를 내며 "잔소리 듣기 싫으니 독립하겠다"라고 했단다. 고통과 분투 속에서 우리를 구원하는 건 사랑인데 사랑을 실천하는 것은 얼마나 어려운 일인가.

"어르신, 많이 속상하시지요?"

갑자기 활기가 넘치고 목소리에 힘이 들어가면서 이재명과 조국을 욕하던 어르신께 나는 말했다. 짧게 시간차를 두고 그녀가 답했다.

"아, 내가 초면에 별말을 다 했네요. 미안해요. 노인네 얘기 들어줘서 고마워요."

거대 아파트 단지 앞에서 그녀는 내렸다. 나는 그녀가 아파트 입구로 사라지는 것을 룸미러로 쫓았다. 좌우로 나뉘고 남녀와 노소로 분리돼 진영이 아니면 설 곳 없는 서글픈 한국의 초상이 비쳤다. 특히나 극우파가 준동하고 파시즘이 횡행하는 오늘이 두려웠다. 차별과 배제의 목소리가 폭력과 만나 낳은 '계몽가'들이 답답했다. 나는 혼자 속삭여 봤다. '친구야, 많이 속상하지?' 그 속삭임은 나와 우리 세대 모두에게 전하는 위로이기도 할 것이다.

중동 사업가

하루를 일찍 일어나는 사람들이 대개 일찍 하루를 닫는다. 여의도 증권가는 오전 5시부터 일을 시작하는 경우가 비일비재하다. 증권맨들은 오전 10시부터 벌써 점심을 먹기 시작한다. 마찬가지로 그들에게 오후 5시는 이미 12시간을 회사에 몸을 부린 시각이다. 국회의원 보좌관들 역시 비슷하다. 조간신문을 읽고 지난 저녁과 밤에 일어난 일들을 국회의원에게 브리핑하기 위해서는 일찍 자고 일찍 일어나야 한다. 여의도 금융가와 정가의 시계가 일찍 눈을 뜨는 이유다. 수면 시간이 부족해도 거뜬한 청년들이 아니라면, 그들은 오후 8시에는 업무 회식이든 친지들과 사적 모임이든 정리해야 한다.

봄날의 저녁 8시에 마포 돼지갈비 골목에서 양주를 향하는 말끔한 양복 차림의 손님을 태웠다. 그는 금융권과 정가, 기업의 혼성 DNA를 가진 중동 전문 사업가였다. 그의 시계 역시 해 뜨기 전부터 시작할 수밖에 없었고, 일찍 일어나는 '새'들처럼 그의 매무새는 흐트러짐이 없었다. 그런데 그가 최근 정부를 끼고 중동 A 국가와 추진하던 대형 사업이 어려움에 빠진 모양이었다. 양국의 민관 협상단은 서로의 요구 조건을 맞춰 보면서 각국 정부에 진행 안을 보고했다. 바야흐로 양국 정부 관계자의 최종 승인만 거치면 언론이 주목할 만한 대형 사업이 곧 출범될 예정이었다.

"서로 다른 꿈을 꾼 거야."

A 국가는 수조 원대를 투자할 예정이었는데, 그 전제는 국내 대형 반도체 기업들의 생산 기지를 자국에 유치하는 것이었다. A 국가의 협상 담당자들은 한국이 자국의 투자액에 상당하는 반도체 투자를 먼저 기대하고 있었고, 한국 정부 담당자들은 A 국가의 투자를 전제로 국내 대기업의 중동 진출을 구상했다. 양국의 담당자들은 상대국이 자국에 대규모 투자한다는 점을 큰 성과로 고위 관계자들에게 보고했다. 그러나 자국의 투자는 슬쩍 빼 두고 상대방의 투자 성과를 강조한 보고서는 최종 단계에서 좌초할 위기에 처했다. 특히나 국내 반도체 기업들은 일교차가 큰 중동의 기후가 반도체 생산 기지에 부적합하다고 난색을 보였다.

마침내 닭이 먼저인지 달걀이 먼저인지 논쟁이 터졌다. 양국 실무 사업가들은 크게 낙담했다. 본인들이 물밑에서 구상한 광대한 사업은 성과만을 강조한 보고서 때문에 무산되기에 이르렀다. '눈 가리고 아웅'식 보고서가 얼마나 큰 노력을 수포로 만든 것인가. 사업이 불발되면 그간 사업 기획자들이 투입한 시간과 노력, 투자는 모두 무의미한 것이 돼 버린다.

임진왜란 당시 비슷한 사건이 벌어졌다. 명나라 사신 심유경과 왜의 선봉장 고니시 유키나가가 벌인 희대의 외교 사기극이다. 그들은 자신들이 조선이라는 '늪'에 빠졌다고 생각했고, 어떻게든 전쟁을 끝내고 싶어 했다. 그래서 고안한 것이 명나라 황제와 왜의 관백 도요토미 히데요시를 속이는 보고였다. 명 황제에게는 '도요토미를 일본의 왕으로 책봉해 달라'라는 요청을 한 것처럼, 도요토미에게는 '조선의 왕자들을 인질로 보내고 조선 4도를 할양한다'라는 요구 사항을 받아들인 것처럼 입을 맞췄다. 그러나 이 사기극은 조선과 명의 사신이 도요토미를 만난 뒤 연회에서 황제의 칙서를 직접 읽다가 전모가 드러났다. 격노한 도요토미는 전쟁 재개를 선포했는데, 그것이 정유재란이다.

리더는 사태를 냉정히 볼 수 있는 눈과 여러 의견을 수렴할 줄 아는 귀를 모두 가져야 한다. 자기가 보고 싶은 것만 보고 듣고 싶은 것만 듣고자 한다면, 권력에 기대어 자신의 안녕을 도모하는 간자들이 득세할 수밖에 없다. 현실과 인식 사이에 거대한 틈이 생김으로써 실제 정보는 왜곡되고 어떤 형태의 의사소통도 가짜가 돼 버린다. 이때 최대 피해자는 누구일까? 국가로 친다면 국민이요, 기업으로 따지자면 실무자들이다. 자기중심적 망상에 빠진 리더는 물론이고 리더의 눈과 귀를 가리고 개인의 영달을 도모하는 자들이 역사에서 등장하고 사라졌다. 무려 21세기 한국에서도 그런 일이 발생하고 있지 않은가?

보고 싶은 것만 보고자 하는 리더의 입맛에 맞춘 보고서는 결국 사달이 났고, 한국과 중동 A 국가 사이의 경제 협력과 투자 사업은 물 건너갔다. 협상 과정에 헌신한 사업가들은 피눈물을 흘렸다. 마찬가지로 심유경과 고니시가 벌인 희대의 사기극, 집착과 망상에 빠진 리더의 욕망에 부합하고자 했던 가짜 외교의 결과 더 많은 동북아 3국의 병사들이 죽었다. 불통의 리더십은 필연적으로 그것에 기생하는 이들을 낳는다. 그 '기생수'들의 영달은 영원할 수도 없고 영원하지도 않다. 특히나 정보를 소수가 독점한 채 벌이는 작전은 말할 나위 없다.

2024년 12월 벌어진 실패한 계엄의 실체가 조금씩 드러나고 있다. 대통령을 중심으로 한 고등학교 학맥과 일부 육군사관학교 집단이 오래 준비한 기획이었다. 그들은 왜 계엄이 성공할 것으로 착각했을까? 보고 싶은 것만 보고 듣고 싶은 것만 들었기 때문이다. 하고 싶은 말만 하는 리더 옆에는 맹목적으로 충성함으로써 부와 권력을 누리고자 하는 이들이 출현할 수밖에 없다. 다수를 설득할 명분이 없었고, 무엇보다도 계엄을 실행할 실무진들과 원활한 의사소통이 없었다. 절차적 민주주의가 뿌리내린 한국과 그 체제에서 성장한 이들이 청년이 됐고, 그들이 군인과 경찰이 됐다. 그들은 헌법 질서를 짓밟는 명령에 따를 수 없었다.

양주의 아파트 단지 앞으로 사라지던 중동 사업가의 뒷모습을 떠올린다. 공정과 상식이 제자리를 찾을 수 있는 날이 돌아왔으면 좋겠다. 소통의 리더십이 돌아온다면 남녀노소와 위아래가 자유로이 의견을 주고받는 사회 역시 따라오지 않을까? 이런 희망과 염원들이 모이다 보면 '꿈'이 만들어질 것이다. 그렇게 여러 명이 합의 속에서 함께 꾼다면, '중동 사업가의 꿈'은 꼭 이뤄질 것이다.

광고회사 국장

 5월의 초록이 가득 차오르는 어느 목요일 밤에 마포에서 대치동을 향하는 광고회사 국장을 태웠다. 흔치 않게도 그는 내게 먼저 말을 걸었다. 내가 글을 쓴다고 하자, 그는 광고회사의 일하는 방식이 예술가들과 비슷하다고 말했다. 예술적 영감이 때와 장소를 가리지 않듯, 광고 크리에이티브의 아이디어 역시 갑작스레 찾아온다는 것이다. 일요일 밤에 술을 마시다가, 모여서 잡담하거나 개인사를 늘어놓는 과정에서 갑자기 '그분'이 오신다는 것. 문제는 그 영감이 오고 난 다음이다. 특히 크리에이티브 부문의 누군가에게 '영감'님이 찾아오시는 순간에 관련 팀들이 모두 총출동해서 '그분'을 실제 광고로 구현하기 위한 작업을 농밀하게 진행한다.

 그가 처음 광고회사에 합류한 때는 마침 연말이었다. 성탄절이 낀 주말 밤 9시에 회사에서 호출이 왔고, 그는 '일요일 밤에도 처리해야 할 급박한 일이 뭐지?' 궁금해 하면서 출근했다. 그러나 아무도 그에게 무슨 일을 하라는 지침을 주지 않았다. 모두 자기 자리에 앉아서 인터넷 서핑을 하거나 회의실에서 잡담하는 걸 보면서 그는 슬슬 짜증이 났다. 그러다가 크리에이티브 쪽에서 갑자기 "유레카!"를 외치면서 분위기가 반전됐다. 전략과 기획, 아트 디렉터까지 모든 팀이 모여서 불꽃 튀는 작업을 시작했다. "갓난 아이디어"의 서사를 짜고 스토리를 구체화하는 일에서부터, 타겟팅과 메시징을 가다듬는 일까지 모두가 일거에 폭발적으로 업무에 달려들었다. 그러자 '영감'님은 아이디어가 아니라 실체로서 모습을 드러내기 시작했다.

국내 굴지의 대기업에서 당당히 사표를 냈던 '근자감(근거 없는 자신감)', 5년에 걸친 주재원 생활, 대형 광고회사에서의 노동집약적 경험을 말하는 그의 목소리가 들떴다. '라떼'를 말하는 국장의 표정은 아이처럼 밝았다. 최근 들어 전략본부에서 일하는 그는 더 이상 야근을 하지 않는다고 말했다. 광고회사에서 강도 높은 야근을 하지 않는다는 것은 현업, 특히 회사의 핵심 업무에서 밀려났음을 뜻한다. '야근이 그립냐?'라는 나의 질문에 그는 고개를 저었다. 이제 그때는 지나갔고, 지금 이때의 일에 충실할 뿐이란다. 지금 그는 정시에 퇴근하며

"워크 앤 라이프(Work and Life)"가 균형 잡힌 생활을 한다는 것. 그렇게 말하는 그의 표정과 어투 속에서 나는 그가 야근을 그리워하고 있음을 느꼈다.

그날 새벽에는 법인영업 하는 팀장을 우연히 태웠다. 외환위기 이후 그의 삶은 프리즘을 통과한 빛처럼 그 스펙트럼이 다채로웠다. 가구회사 영업에서 화장품 도소매업, 인터넷이 유통업의 본질을 바꾼 뒤에는 건설사 영업, 이어 보증을 잘못 선 뒤 맨몸으로 일용직 노동자의 삶을 살았고, 지금은 법인영업 한 지 15년 됐다고 한다. 그는 가족을 위해 성공해야 하고 지금은 그 꿈을 이루는 중이라 했다. 나는 그가 말하는 성공과 꿈의 정의가 궁금했다. 그는 급여가 들어오는 날이 제일 신난다고 했다. 가족을 위해 돈을 쓸 수 있기에 행복하다고 했다.

그 국장과 팀장을 태운 뒤 어느덧 6개월이 지났다. 계절은 만춘에서 절정의 겨울로 옮겨갔다. 어제 본 영화 〈보고타〉에도 꿈을 꾸는 사람들이 등장한다. 월남전에서 받은 돈을 모조리 투자해 넘어왔다는 콜롬비아의 의류업자, '세계 경영'이 부도를 맞고 눌러앉은 대우 주재원, 금융위기보다 앞선 외환위기 때 한국을 등지고 콜롬비아로 넘어갔던 청년의 얘기가 주요 서사다. 그들은 모두 꿈을 꾼다. 극빈 거주 지역인 1구역에서 부유층 거주지인 6구역으로 이동하는 꿈, 보고타에 거대한 의류 단지를 올리는 꿈. 갖은 위험을 감수하면서 한국인들이 보고타에 뿌리내리는 과정은 처절했다. 그들은 꿈을 이루었나?

문득 궁금해졌다. 2000년도에 난 무슨 꿈을 꿨지? 그리고 지난 25년간 무엇을 이루었지? 나는 처음 리서치 회사에 입사했을 때 내 분석 결과가 일부일지라도 세상의 본질과 현실을 밝혀준다고 믿었다. 거기서 보람을 찾았고, 지독한 노동에 내 몸을 기꺼이 부렸다. 그런데 어느 순간부터 승진만을 쫓은 것은 아니었을까? 승진만을 추구하면서 그것이 이뤄진 뒤에 무엇을 할지는 그려 보지 않았던 것은 아닌가? 지금 내게 남은 것은 무엇인가? 내 꿈들은 어떻게 실현됐고, 퇴색했고, 사라졌는가?

지난밤 신촌에서 걸어서 귀가했다. 교차로를 지나 연세대로 들어가 백양로를 걸었다. 경영관을 지나서 도로를 따라 오르니 안산 자락길이다. 안산 자락길을 따라서 오르막을 오르다가 서대문도서관 방향으로 내려왔다. 이어서 통일로를 따라 집까지 오는데 1시간 20분 정도 걸렸다. 영하 10℃의 강추위가 몰아친 2025년 1월의 날에 나는 왜 그리 걸었을까? 내게 남은 꿈의 실체와 정의에 관한 질문과 답을 찾기 위함이었다. 내 '마지막 기회의 땅'은 어디에 있을까?

바로 오늘 충만감을 가지는 삶을 산다면, 또 10년, 20년이 지난 뒤에도 충만한 삶을 말할 수 있을 것이다. 일용할 양식을 구하기 위한 노동, 영혼을 깨우는 글을 읽고 쓰는 것, 마음을 부드럽게 만들어 주는 음악을 접하거나 부르는 것, 살아 있음을 느끼게 해 주는 근육 운동 속에서 땀을 흘리는 것, 좋은 사람들과 때로는 기분 좋게 때로는 지적 유희를 즐기며 대화를 나누는 것, 그런 것들을 쌓아야겠다. 그것이 나의 꿈이고 행복이 돼야 한다. 이 꿈은 돈의 흐름처럼 모였다가 사라지지 않는다는 특징이 있다. 이 꿈은 경험의 축적처럼 쌓일수록 새로운 행복을 낳는 무한의 연쇄 '생성' 과정이다.

폭설이 내려 꺾인 나무들을 봤다. 그것은 고개 숙이지 못하는 소나무들의 주검이다. 그렇게 생을 다하는 절개도 아름답지만, 자신의 소명과 삶을 생각한다면 굽힐 수도 있지 않을까. 유연한 생각과 태도가 더 의미 있는 것은 아닐까. 덩굴나무나 관목 같은 유연함을 가질 수는 없을까. 그렇게 유연하게 살아남아서 서로에게 생존과 행복이 되는 덩굴이 되는 꿈을 그려본다.

바람 속에서도 눈 맞은 나무들이 조용합니다

목숨을 움켜쥔 눈을 등에 지고 신음 하나 낼 수 없는 적요

누군가 우두둑 꺾이며 쌓인 눈을 털어냈습니다

끊어진 모가지들은 흔들흔들 마지막 숨을 여기저기에서 뿜었지요

아직 우리는 견디는 중입니다

당신은 바람보다 먼저 눕고 바람보다 먼저 일어나겠지요˙
서로의 몸에 부대끼며 우는 겨울나무로 돌아가기 위해

아직 우리는 힘을 모으고 있습니다˙˙

- ˙ 김수영의 〈풀〉에서
- ˙˙ 이송우, 〈아직 우리는〉, 계간《창작 21》겨울호(2024년).

장거리 손님

어제는 10시간 주간 운행을 했는데, 매출은 12건밖에 되지 않았다. 인천 두 번, 부천 한 번, 송파 한 번 등 장거리/시외 운행 뒤 빈 차로 돌아왔기 때문이다. 야구에서 한 경기에서 병살타 세 번 치고 이기기는 어렵다는 말이 있다. 주자를 잃으면 그만큼 점수를 내기 어렵다는 것. 비슷하게, 택시에서는 손님을 잃은 채 빈 차 운행 세 번 하면 그날 매출은 낮을 수밖에 없다. 그런데 반드시 그런 것은 아니다. 빈 차도 빈 차 나름이다.

오늘 첫 손님을 인천 지역 모 호텔로 모셨다. 56km나 되는 시계 외 장거리 손님이었다. 오는 길에 인천공항과 김포공항을 들렀지만, 손님을 태우지 못하고 빈 차로 1시간 걸려 서울로 돌아왔다. 다시 시작부터 난항이 아닌가 싶었다. 하지만 야간 운행의 장점은 교통 체증이 없어서 고속으로 달릴 수 있다는 것. 게다가 오후 11시부터 새벽 2시까지는 40% 할증이다.

한강 신도시를 두 번이나 다녀왔다. 올 때는 빈 차였지만, 빠른 속도로 서울로 돌아왔기에 만회가 됐다.

에너지는 질량과 속도의 제곱에 비례한다. 질량이 높거나 속도가 빠를 때 더 강한 에너지가 발생한다. 이를 야간 택시 운행 방식으로 치환하면 손님(질량)과 할증+고속(속도)의 곱으로 총매출이 발생한다. 손님이 계속 이어지면 금상첨화다. 그러나 빈 차로 돌아온다고 해도 장거리를 빠르게 반복하면 총매출이 늘어날 수 있다. 야간 운행에서는 질량보다는 속도다. 질량을 가진 물질이 빛보다 빠른 속도로 움직이면 시간 흐름에 변동이 생기듯, 시간 역시 다르게 흐른다.

'눈 깜짝할 새 9시간이 지났다. 나는 밤의 택시를 몰아 손님을 태우고 서울과 인천, 김포를 오가며 300km 이상을 달렸다.'

빠르게 흘러가는 시간과 느리게 흘러가는 시간이 있다. 그것은 특정 공간에 임하는 시간의 성격 덕분이다. 인류학은 행위 주체가 특정 공간에서 행하는 행동을 주요 기술(記述)로 삼는다. 인류학적 기술에서 시간과 상황은 중요한 역할을 할 수밖에 없다. 일기장에 적은 나의 기술에는 행위의 주체와 타자가 처한 오늘의 상황이 담겼다. 예컨대 신도시로 확장해 가는 서울, 경계의 거주민 일상, 제한적인 야간 교통수단 등. 이

기술을 근거로 인류학 분석을 더 이어갈 수도 있다.

'빠르게 지각되는 시간'을 생각하다 보니 상념은 근대와 탈근대의 사유로 이어졌다. 근대와 탈근대는 어떻게 출현했는가? 근대성은 이성을 가진 인간 주체에 주목했다. 신의 존재가 아니라 인간 이성을 믿었기에, 원인과 결과의 구조를 밝히는 것이 근대성의 당면 과제였다. 그러나 근대성의 산물인 산업혁명과 자본주의가 민족국가를 출현시켜 서구 세계의 대충돌을 불러일으킨 바, 근대성은 내파돼 탈근대로 나아갔다. 그 결과 고정된 공간이 아닌 흐르는 시간, 주체가 아닌 타자, 필연이 아닌 우연, 인과론이 아닌 비결정론이 떠올랐고, 영원한 '본질'이 아닌 생동감 있게 흘러가는 '생성'을 사유하게 됐다.

탈근대 사유 중 하나가 해체주의 담론이다. 텍스트 혹은 구조 아래 가려진 타자의 목소리를 복원하는 것이 해체주의 담론의 본질이다. 해체주의는 마르크스주의 철학을 포함한 근대 철학이 은폐했던 소수자와 피지배 담론을 수면 위로 불러냈다. 탈근대의 사유 덕분에 근대성이 무시했던 비서구, 비백인, 비남성성에 대한 고찰이 터져 나왔고, 이는 탈식민주의, 반인종주의, 페미니즘, 생태주의 사유로 확장됐다. 또한 양자물리학과 함께 신유물론은 고정된 물질이 아니라 변화하는 운동에 주목하는데, 나는 이 사유가 변종과 이단을 아우르는

'경계'의 철학, 해체주의의 본질을 잇는다고 생각한다.

창작과 비평의 세계에서도 새로운 경계의 흐름, 즉 기성 작가와 독자라는 이분법적 구분을 넘어서는 문화 현상이 발견됐다. 독자이면서 작가인 혼성, 즉 '독작가(讀作家)'의 출현은 한국 문학이 보편적 정서보다는 창의적 실험에 몰두하면서 촉발됐는지도 모른다. 특히 문학적 실험이 독자층을 점차 구축(驅逐)시켜 갈 때 독자가 구축된 공간에 일종의 '타자'가 출현한 것이다. 놀랍게도 타자는 소수성을 가진 작가와 외면된 독자들 모두를 일거에 집결시켰다.

예컨대 김미옥 선생과 같은 페이스북 비평가가 재야에 묻힌 작가들의 책을 읽어 냄으로써 독서와 출판 시장을 재편했다. 기성 문단의 경계를 걷는, 기성 출판에 도전한 사례인데 독작가의 출현은 다분히 역설적이다. 엄혹했던 독재의 시대, 억압에 맞선 저항과 투쟁의 과정에서 대중성을 기반으로 한국 문학이 성장했는데, 문학이 점차 대중성을 잃어 가고 고도로 전문화하면서 이에 대한 반작용이 발생한 것이기 때문이다. 앞으로 '전문가'와 '경계자'는 서로 영향을 주고받으며 동거할 것인데, 그 상호 과정에서 양자가 어떻게 운동하고 생성해 갈 것인지는 아직 모르겠다.

경계를 걷는 사람들에게 외로움은 피할 수 없는 숙명이다.

바꿔 말하면 경계성과 소수성이 낳은 결과가 외로움이라고 생각한다. 김미옥 선생이 사회를 보는 북토크 자리에는 대개 세계적인 무명 가수 조정선 선생이 공연을 한다. '세계적'인과 '무명'이라는 모순이 만나면 강한 에너지가 발생한다. MBC 라디오 프로듀서로 은퇴한 조정선 선생은 현업에서 얼마나 많은 음악가와 음악을 접했겠는가? 그가 그 모든 무게를 던져 버리고 환한 웃음으로 전하는 공연은 북토크 참석자에게 큰 울림과 감동을 준다.

경계를 걷는 이들의 외로움은 어디에서도 볼 수 없는 환한 웃음으로 표현된다. 이렇게 맑은 웃음이 어디 있을까? 그 웃음만으로 새로운 웃음을 불러일으키는 그런 웃음이다. 나는 그 웃음 이면에 깊은 외로움이 있음을 안다. 너무도 당연하지만, 선명한 웃음은 선명한 슬픔을 바탕으로 하고 있다고 믿는다. 모든 자유로운 영혼의 해맑음 뒤에 있는 그림자에 축복의 인사를 전해야 할까?

아시아나 선후배 동료들

금요일 밤 심야 할증이 시작되는 즈음, 방화동에서 강남을 향하는 일군의 무리가 승차했다. 손님들은 과거 금호 아시아나에서 함께 근무한 선후배 동료들이었다. 오랜만에 만나는 '전우'(?)들은 할 말이 많을 수밖에 없다. 최신 휴대전화의 AI 기능에서 광주 지인 결혼식과 골프 회동 모임, 코골이 때문에 각방 쓰는 현실까지 이야깃거리가 꼬리에 꼬리를 물고 이어졌다. 예전 함께 회사 다닐 때 추억을 소환하고 최근 동향을 서로 확인하면서 웃고 떠드는 모습이 보기 좋았다. 금요일이라 그런지 늦은 시간임에도 불구하고 올림픽대로가 막혔다. 손님들은 "막히니 이야기할 시간이 더 길어져 잘됐다"라며 서로들 웃고 떠들었다.

"사람이 똑똑하고 일 잘했어."

"게다가 운도 좋아서 기회를 잡았어요."

"그래, 운도 잘 따르는 것 같아. 어디를 가도 이상하게 쭉쭉 치고 올라가더라고."

화제는 최근 저비용 항공사 대표로 취임한 어떤 이로 옮겨 갔다. 이상하게 미리 알고 맞춘 듯 일이 풀리는 때가 있다. 비옷을 만들었는데 비가 오고, 고랑을 치는데 가재가 잡히는 식이다. 한 회사의 대표가 된다는 것은 실력과 인성은 물론이고 때와 장소가 잘 맞아야 가능하다. 능력주의 담론에서는 '능력이 모든 결과의 원인'이라고 본다. 그러나 한 사람의 걸출한 인물이 출현하기 위해서는 그를 둘러싼 환경의 영향을 무시할 수 없다. 성공에 미치는 모든 변수를 함께 고려한다면 능력은 그 많은 원인 중 하나, 미약한 필요조건에 불과할지도 모른다.

"능력을 갖추고도 성공하지 못한 사람들은 가을날 거리에 떨어진 낙엽들만큼 많다"라는 말을 곱씹어 보면, 기회는 모든 사람에게 오지도 않고 온다 해도 여러 번 오지 않음을 알 수 있다. 이렇게 우연이라는 요소가 성공에 큰 영향을 미친다면 성공을 추구하는 것은 참 부질없는 짓이 아닐까? 내가 이런 생각을 하는 이유는 놓쳐 버린 기회들이 떠올랐기 때문이다. 돌이켜보면 나는 한 번도 오기 어려운 기회를 세 번 흘려보낸 것 같다.

그 기회 중 하나를 잡았다면 지금 내 모습은 달라졌을 수도 있다. '운이 좋아서 기회를 잡았고 성공했다'라는 말을 내게 그대로 적용한다면, 논리적으로는 '성공하지 않았으므로 운과 기회를 놓쳤다'라는 대우가 성립할 것이다. 그런데 원 명제나 대우 명제 모두 그다지 마음에 들지 않는다. 성공의 의미를 세속적 성공이라고 좁혀서 본다고 해도, 성공하지 못하면 모두 실패한 것인가. 실패라는 그림자 속에서 오늘을 살고 있다는 인식은 내 영혼을 갉아먹는 아주 쓰디쓴 독이지 않은가.

'나는 운이 좋아서 기회를 잃고 성공하지 못했다.'

자, 나는 '정신승리'하기로 했다. 만일 기회를 잡았다면 나는 세속의 명예와 부를 얻었을 것이다. 그러나 나는 기회를 잃었기에 더 많은 경험을 할 수 있었고, 그것을 글로 표현할 새로운 기회를 얻었다. 나에게 성공이란 무엇일까? 아니 성공이라고 규정하지도 말아야겠다. 어떤 구체적이고 뚜렷한 목표를 정하는 순간, 그것은 원 의미를 잃어버릴 수도 있으니까.

대신 나는 추상적 목표를 택하겠다. 나는 마음이 따뜻해지고 뭉클해질 수 있는 경험을 추구하겠다. 하루 일을 마치고 산책할 수 있는 시간을, 좋은 사람들과 가끔 시간을 보낼 수 있는 여유를, 그리고 그 속에서 좋은 묵상과 대화를 나눌 수 있는 경험을 가지기를 희망한다. 무엇보다 이 모든 추상의 목표를 이루는 것은 아주 오래 걸릴 수 있음을 잊지 말기로 한다.

나는 시간 속에서 물처럼 흘러가는 존재임을, 그리고 그렇게 흘러가는 것 자체가 축복임을 받아들이기로 한다. 굳이 무엇이 되기 위해 너무 애쓰지 않기로, 그렇다고 굳이 무엇이 되지 않기 위해서 내 자신을 탕진하지 않기로 한다.

끝없이 소멸하고 생성하는 우주와 무한의 상호작용을 거듭하는 미시의 파동 속에서 '옳고 그름'이라는 정답은 존재하는가? 성리학의 이(理)에서 칸트가 제안한 물자체, 마르크스의 합법칙성에서 라투르의 장(場)까지, 그 모든 철학적 사유는 불안 속에서 정답을 희구하는 인간의 욕망에서 비롯됐을지도 모른다. 우리가 살아가는 일상에서 '옳고 그름'이라는 명제는 '성공과 실패', 또는 '승리와 패배'로 변형될 것이다. 그렇다면 옳고 그름이 애초에 존재하지 않을 수도 있듯, 성공과 실패 역시 분명하게 정할 수 없을 것이다.

다만 나는 내게 벌어지는 일들에 대해 나만의 방식으로 해결할 수 있기를 바란다. 그것은 마치 내가 사주를 볼 때 수학 문제를 풀 듯 접근하는 태도와 유사하다. 다른 누구도 아닌 오직 나에게만 주어진 맞춤형 문제를 푸는 데 마음을 내어주기로 한다. 가을날 거리에 깔리는 낙엽이 숱한 실패의 예시가 될 필요가 없다. 낙엽은 바람에 날리고 구르면서 부서져서 다시 흙으로 돌아갈 생각을 한다. 떨어져 땅에 고정된 것이 아니라 형질 변형을 통해 새롭게 태어날 준비를 하고 있다.

양자의 세계에서는 얼핏 어떤 가치도 존재하지 않는 것처럼 보인다. 물질의 운동에서는 어떤 역사도 없는 것처럼 보인다. 하지만 어떤 '우리'는 발톱에 낀 무좀처럼 끈질기게 살아남을 것이다. 살아남아서 굴곡진 삶의 굽이마다 잠시 세워 둔 오두막 같은 '장(場)' 속에서 우리는 우리의 일을 하고 봄을 기다릴 것이다. 우리의 흘러감은 생성과 과정으로서 오늘을 충만하게 살아낸 흔적으로 기록될 것이다.

아무도 모르지만 실재하는 달의 뒷면은 공전하기 위한 치열한 노력의 산물이 아니던가. 모두가 사라진 어느 날, 아니 태양계가 사라지고 빅뱅을 통해 새로운 은하가 열리는 날이 오고, 다시 어떤 지성 있는 생명체가 출현하면 알게 될 것이다. 그들은 수십억 광년 너머 아주 오래전에 존재했던 달의 뒷면을 천체의 신비라고 부를 것이다. 드러나지 않음으로써, 빛나지 않음으로써 오히려 천체의 운동에 헌신했던 기적이라고 말할 것이다. 하물며 오늘을 사는 우리가 그것을 몰라서는 안 되겠지.

여보세요. 당신은 빛나는, 참으로 위대한 사람이라오.

나는 택시 운전사였다

지난 1년, 나는 그 이전 20년보다 더 파란만장한 경험을 했던 것 같다. 경험과 인간관계의 폭과 깊이가 변곡점을 돌았다. 이것을 알아차리는 것은 미분방정식 해제에서 기울기 구하기라고 해야 하나? 아무것도 보이지 않고, 무엇도 손에 잡히지 않았던 어느 날을 떠올려 본다. 그 어둠 속에서 나는 얼마나 무서웠던가, 얼마나 외로웠던가. 이제 그것들이 영원하지 않음을 안다. 어떤 순간이 극으로 치달을 때 끝이 온다. 참을 수 없을 만큼 가라앉을 때 반등을 기다리고, 감당할 수 없을 만큼 차오를 때 하강을 준비해야 한다.

2023년 12월 말부터 약 6개월간 법인 택시 운전사로 일했다. 운행 중 적절히 휴식을 취해야만 하지만 쉬는 방법을 잘 알지 못한 초보 운전사는 대개 9시간을 내리 운행했다. 몸 여기저기서 이상 신호를 보내기 시작했다. 약 3개월 정도 지났을 때 접촉성 피부염이 왔다. 넓적다리 아래가 벌겋게 일어났다. 약을 발랐지만 근본적인 변화가 없었기에 접촉성 피부염은 계속 재발했다. 4개월 정도 지나자, 핸들을 잡는 손바닥과 손가락에 통증이 왔다. 나중에는 손가락만으로 핸들을 잡고 운전했다. 택시 운전사 생활 6개월에 이르자 중둔근 통증이 왔다. 의사는 "오래 앉아 있다 보니 허리에 무리가 왔는데, 허리 디스크에서 엉덩이로 빠져나가는 근육에 통증이 발생했다"라고 말했다.

"내 몸이 아픈 직업은 나와 맞는 좋은 일이 아닙니다."

김종숙 시인이 내게 조언했다. 강태승 시인은 하체 근손실과 전립선 질환을 걱정했다. 이강산 시인은 "안 하던 일을 하면, 특히 요령 없이 하면 몸이 상할 것"이라고 걱정했다. 조길성 시인은 "두 달이면 나가떨어질 줄 알았다"라고 말했다. 밥도 안 먹고 9시간을 내리 운행하는 습관으로는 버틸 수 없다고 본 것이다. 몸이 보내는 신호와 주변 선배님들의 조언을 종합했다. 결국 나는 택시 운전사 일을 그만두기로 했다.

택시 운전을 마치기로 하자, 문래동 야간 택시 운전사가 겪은 이야기들이 파노라마처럼 흘렀다. 밤의 택시 속에서 나는 많은 사람들의 이야기를 들었다. 이야기는 나와 병립해서 이미 존재했지만, 미처 알아채지 못했던 세상을 내게 끌어다 주었다. 인식하지 못한다면 존재하지 않는 것이다. 나는 새로운 세상을 만났고, 그 세상 속에 있는 나를 발견했다. 세상의 발견과 나의 확장, 그것이 밤의 택시가 내게 준 선물이었다.

중둔근 치료를 받던 중 스타트업 마케팅 본부장 자리를 제안받았다. 당면한 일은 포럼 기획과 진행이었다. 한 달여 열심히 준비했고, 포럼을 성공적으로 잘 마쳤다. 포럼을 마치고 랩업 차원에서 의견을 개진했는데, 그 의견이 소유주의 역린을 건드린 모양이었다. 소유주는 "실력은 논외로 하고, 마케팅 본부장은 나와 생각을 같이해야 하는데 당신은 그런 것 같지 않다"라면서 "나가 달라"라고 요청했다.

어떤 중소기업의 특징을 세 가지로 정리한 글을 읽었다. 모든 중소기업이 그렇지 않겠지만, 새겨볼 만한 대목이었다. 소유주 마음대로 운영되고, 실력은 가장 중요한 요소가 아니며, 반대 의사를 펼치면 표적이 된다는 것이었다. 그렇다면 내게 다른 선택지는 없어 보였다. 소유주의 요청을 받아들였다. 포럼을 마친 바로 다음 날, 점심 식사 직후였다.

"한 달, 짧은 기간이었지만 본부장님 밑에서 정말 많은 것을 배웠습니다. 겉으로 표현하지 못했지만, 내적으로 본부장님께 많이 의지했습니다. 언제나 좋은 말씀과 격려와 위로로 응원해 주신 본부장님의 고마움을 두고두고 잊지 않겠습니다. 저의 첫 회사 생활, 첫 본부장님, 항상 건강하시고 앞길에 행운, 행복만 가득했으면 좋겠습니다."

함께 일한 직원들이 보내준 글, 영업본부장의 개인 톡 등을 보면서 마음이 뭉클했다. 짧은 한 달이었지만 함께한 사람들과 정이 많이 들었나 보다. 마음이 퍽 허전했다. 특히 마케팅 부서 직원의 말이 눈물을 왈칵 솟게 했다. "저의 첫 회사 생활, 첫 본부장님"이란 대목을 몇 번이나 반복해서 읽었다.

2022년 11월 이전까지 나는 철로 위를 고속으로 질주하는 열차였고, 역과 역 사이 잘 닦여진 선로 위만을 오갔다. 주어진, 이미 존재하는 길 위를 가면서 마치 모든 길을 섭렵했다고 착각한 것은 아니었는지? 반면 HP코리아를 나온 뒤 나는 비포장도로를 달리는 SUV가 됐던 것 같다. 내 스스로 길을 만들고 가 본 적 없는 경유지를 찾아가는 길은 쉽지 않았다. 프리랜서의 자유에 나는 당황했고, 때로는 무기력했다. 그 무기력 속에서 나는 내가 깊고 긴 슬럼프 속에 빠져들었음을 알았다. 빛이 있어야 어둠이 있듯, 슬럼프라는 존재는 활황과 절정이 필요하다. 나는 내 활황을 자문했다.

활황에 대한 묵상이 '라떼'를 소비하는 것이면 안 된다. 다만 활황기의 습관을 몸과 마음으로 소환해 오늘과 대비시킴으로써 변화를 촉구할 수 있다. 장마처럼 음습한 기간에 대한 성찰은 내가 반드시 반응할 것이라는 믿음으로 이어진다. 끝날지 모르게 보이는 저점에 충분히 잠겼는가? 그 깊이와 길이만큼, 더 높고 오래 반등할 것이라는 믿음을 가지기로 마음먹었다.

나는 마음이 복잡하고 생각이 엉킬 때면 등산하곤 한다. 등산하다 보면 답이 떠오르는 경우가 많다. 풀어야 할 숙제를 오래 생각한다고 해서 해답이 나오지 않는다. 등산하면서 아무 생각도 안 하고 호흡만을 고르다 보면 답이 떠오르곤 한다. 그래서 집 앞 안산을 올랐다.

그날 봉수대에서 무악정을 향해 내려가다가 샛길을 발견했다. 궁금해서 길을 따라갔더니 오르막과 내리막이 계속되는 멋진 숲을 만났다. 사람이 많이 오가지 않는 길은 경사가 급하고 불편했지만, 대신 기대하지 않았던 풍경을 즐길 수 있었다. 사진 몇 장을 찍고 숲을 빠져나오다 그 모퉁이에서 '길 없음'이란 표지석을 발견했다.

'송충이는 솔잎을 먹어야지.'

'길 없음'을 지나 다시 만난 길은 아름다웠다. 그 길의 끝에서 나는 내게 물었다. 앞으로 무엇을 하고 어떻게 살아갈 것인가? 몸과 마음의 소리를 들으며 나는 '길 없음' 뒤의 길을 떠올렸다. 이제 기대치 않았던 새로운 길을 만나게 될 것이다. 언제나처럼 성실하고 명랑하게, 새로운 걸음을 시작해야지. 끝없이 회전하는 천체의 움직임처럼 멈추지 않고 계속해서.

연대의 말

밤을 지새우는 사람들

함세웅(신부)

이 책은 작가의 현장 체험, 정화와 영적 성장의 증언입니다. 남북분단의 비극 속에서 고난받으셨던 부모님께 대한 효심은 물론 공동체 성장을 위한 다짐과 길잡이입니다.

작가는 택시 운전사로서 밤과 달의 신비를 노래하고 있습니다. 밤과 어둠의 체험은 영성 생활에서 꼭 거쳐야 하는 과정으로 교부들은 이를 "사막의 길"이라고도 했습니다. "고생 끝에 낙"이라는 격언과도 맥을 같이하는 교훈입니다. 밤의 체험이 귀중한 이유입니다.

작가는 야간 택시 운전을 선택했습니다. 택시 운전사의 소명에서 저는 많은 것을 배우고 묵상합니다. 택시 운전사는 오직 손님의 뜻대로 움직이는 사람입니다. 따라서 택시 운전사는 바로 이웃과 공동체를 위해 살아야 하는 희생과 헌신의 귀감입니다. 그렇습니다. 우리는 모름지기 택시 운전사처럼 하늘의 뜻을 따라 선조들의 가르침을 기초로 공동체가 원하는 대로 움직여야 합니다.

부부도 한가지입니다. 부부는 서로가 서로에게 택시 운전사여야 합니다. 부부의 사랑과 약속은 자신의 전 존재와 뜻을 오직 배우자를 위해 살겠다고 다짐했기 때문입니다. 택시 운전사의 영성은 바로 부부 영성의 기초이기도 합니다.

밤일은 힘들고 어렵습니다. 그런데 누가 도와주고 함께하면 훨씬 수월하고 기쁩니다. 〈함께 가자 우리 이 길을〉이라는 이 민중가요를 이웃과 함께 크게 부르며 동반과 동행을 다짐합니다.

큰 기업에서 종사했던 작가는 밤 택시 일을 선택했습니다. 6개월의 현장 체험은 한평생의 삶을 압축한 고귀한 시간이었습니다. 참으로 많은 분들을 만나 대화하고 많은 분들의 희노애락을 듣고 배웠습니다. 그분들의 대화를 들으면서 작가는 자신의 내면을 들여다보았습니다. 그분들이 바로 자신 안에 내재한 또 다른 모습의 자신임도 깨달았습니다. 새롭게 해석하고 새롭게 종합하고 부모님의 고귀한 노고와 자녀에 대한 책무, 그리고 공동체를 위한 헌신도 확인했습니다.

작가는 밤 체험에서 반달을 묵상 주제로 선정했습니다. 보름달은 충만의 상징입니다. 그래서일까요? 작가는 반달을 주제어로 선정했습니다. 겸허함과 책무감의 상징이라고 해석합니다. 반달의 신비는 매일 더 커가는 가능성의 상징입니다. 완전과 정상을 향한 중턱에서 작가는 뭔가를 더해야 하고 보태야 할 가능성을 끊임없이 생각하고 있습니다. 그런데 그 가능성의 반달이 하현달일 때는 그믐달로 향하기에 점차 작아지게 마련입니다. 이에 작가는 하현달보다는 상현달에 초점을 맞추어 묵상합니다. 성장하고 커 가는 긍정적 미래를 꿈꾸고 있기 때문입니다.

여기서 작가는 성장과 함께 그 성장을 넘어 더 큰 가치인 질적 변화를 확인하고 있습니다. 밤하늘의 반달은 노란색인데 새벽하늘의 반달은 하얗게 변한다는 인식과 관찰은 아름다운 깨달음입니다. 노란색의 열정과 분명함은 상승의 극치이며, 새벽녘 하얀 달은 노년의 지혜랄까 백발을 연상케 합니다. 모든 것을 눈여겨보아야 합니다. 이와 같이 뭔가 구분하고 늘 새롭게 깨달아야 합니다. 그 달은 커졌다가 작아집니다. 변화와 성숙, 성장 과정입니다.

   지금도 모두 잠자고 있는 이 밤에 그 누군가는 깨어 일하고 있습니다. 깨어 있는 사람이 하느님의 사람이며 역사의 방향을 올바로 이끄는 안전한 길잡이입니다. 깨어 있는 사람, 시대의 불침번, 시대의 나침반, 시대의 피뢰침인 밤의 일꾼들을 칭송하며 독자 여러분의 영육 간 건강을 기원합니다. 고맙습니다.

2025년 3월 31일